불안 번뇌의 혼돈시대
인간 구원의 슈퍼 메시아

「지장보살말씀」 읽고 구원받기

불안 번뇌의 혼돈시대, 인간 구원의 슈퍼 메시아

지장보살말씀
읽고 구원받기

편역 **정재욱**
감수 **석법안**

도서출판 안심

머리말

　현대사회는 눈부신 속도로 변화하고 있다. 이와 같은 현상은 양적·질적 측면에서 공히 나타나고 있다. 앞선 세대에서는 상상조차하기 어려운 모습의 풍부한 물질세계, 정신마저도 통제·형상화하려는 사이버네틱스(cybernetics)시대, 보완재 기능을 넘어서 대체재 역할로까지 변모하여 가고 있는 인간지향적 AI시대의 등장 등이 이를 대변하여 준다.

　그렇다면 이와 같은 놀라운 모습의 변화가 고통과 불안이 없는 삶, 보다 희망차고 행복한 삶, 평안과 피안의 세계로 우리를 올곧게 인도하고 있는지를 되새겨 보면, 이에 대한 의문은 곳곳에서 나타난다. 이와 관련, 우선 생각나는 것이 2가지 명언인데 '풍요 속의 빈곤'(poverty amidst plenty)과 '군중 속의 고독'(The lonely crowd)이다. 너무도 잘 알려져 있는 명언이기에 설명이 더 필요 없겠지만, 본 글과 연관하여 이를 되새겨보면 전자는 현대사회가 안고 있는 양적 성장에도 불구하고 상대적으로 느끼는 빈곤감, 박탈감, 격차의식, 후자는 군중 속에서도 느끼는 고독감, 고립감, 소외감 등과 연계 지워 볼 수 있을 것이다.

　한편, 이와 같은 현상은 한국사회에 빗대어 보면 더욱 잘 어울림직하다. 유례를 찾아보기 어려운 모습의 빠른 산업화, 도시화, 정보화, 세계화 등에 따른 눈부신 경제 성장에도 불구하고 한편으로는 빈부 격차, 입시 불안, 청장년층 취업 문제, 주택 마련, 실업 불안, 인간 소외, 노후 불안 등이 삶을 지배하면서 불안, 번뇌, 좌절감, 소외감 등이 일상을 강하게 뒤덮고 있기 때문이다.

　불안과 번뇌, 좌절감과 공포심 등이 지배하고 있는 삶의 현장을 안락과 평강, 안식과 행복이 가득한 평안과 피안의 터전으로 변화시키고자 하는 노력은 인류 역사가 시작된 이래로 지속되어 왔고, 지금도 그렇다. 이와 관련, 본인의 경우 종교적·철학적 차원에서 이에 대한 의미 있는 논의를 하기에 '한계 있음'을 인정한 위에 다만 지금까지의 삶의 경험과 오랜 불연(佛緣)을 바탕으로 방편론적 차원에서 지장경 말씀을 다듬어 보고자 한다.

본인은 종교학자가 아니며 대학에서 행정학자로서 복지행정론 및 주변 영역을 강의하다가 정년을 맞이하여 지금은 명예교수로서 생활을 하고 있다. 교수 생활을 하고 있었던 40대 중반에 지인으로부터 한 권의 책을 선물 받았는데 「지장보살본원경」이었으며, 본 말씀을 읽은 첫 감상은 용어의 난해함과 읽기에는 다소 불편한 문장 구조였다. 그리하여 이후 본 말씀과는 멀어졌고 그렇게 하여 나이 60을 바라보게 되었을 때쯤, 지금까지의 삶을 총체적으로 되돌아보게 된 개인적 사정이 생기면서 다시금 본 말씀을 읽기 시작하였다. 마음을 다잡고 하루에도 몇 번씩 읽었지만, 여전히 난해한 용어와 불편한 문장 구조를 느꼈다.

이를 계기로, 국내에 출판·독경되고 있는 관련 경전 및 석·박사 학위논문 등은 물론, 일본에서 간행·독경되고 있는 관련 경전 등을 구하여 함께 읽게 되었고, 특히 존경하는 어느 큰스님으로부터 영어 번역본을 추천받고 인터넷을 통하여 몇 권 더 찾아 함께 읽게 되었다. 영어 번역본은 의외로 내용을 평이하게 서술하고 있어서 국내 및 일본의 번역본에 따른 이해하기 힘들었던 부분에 대한 내용 파악에 많은 도움이 되었다.

이를 계기로 소위 기도 차원의 근엄한 경전용에 더하여 일반시민을 대상으로 한 교양용 독서본의 필요성을 강하게 느끼기 시작하여, 1여 년에 걸친 관련 작업을 진행하였다. 이와 관련, 망설임도 있었지만 주위의 격려와 본인의 소망이 어우러져 지금에 이르게 되었다.

지장경은 경전이지만 지상이 아닌 천국(도리천)을 무대로 전개되는 매우 환상적인 스토리와 판타스틱(fantastic)하며 5차원적 내용으로 구성되어 있어서 종교적 차원을 떠나 청소년층을 비롯하여 MZ세대 및 청장년층 친화적인 요소가 다수 녹아있다. 물론, 노후를 생각하는 노년층을 향해서는 말할 필요도 없을 것이다. 이에, 원전의 내용에 보다 충실하면서도 시대적 감각을 담아낼 수 있는 용어 선택 및 쉬운 문장 구조를 바탕으로 일반인을 대상으로 한 교양용 독서본으로 본 편저를 출간하게 되었다.

물론 불안과 스트레스, 번뇌와 혼란의 시대에 있어서 인간 구원의 슈퍼 메시아이신 지장보살님의 진면목을 알리고 싶은 심정도 출간의 큰 몫을 하였다. 인간 구원의 슈퍼 메시아 지장보살님의 핵심적 특징은 종교, 인종, 민족, 이념, 사상 등을 묻지 않고 다만 불안과 고뇌, 혼돈과 좌절에 싸여있는 사람이라면 누구 할 것 없이, 구원의 손길을 내밀어주시는 가치중립적(value-free) 차원의 인간 구원의 동반자라는 점이다.

이를 확인할 수 있는 것이 석가세존과의 대화이다. 예컨대, "고뇌와 고통으로 신음하고 있는 사람들이 모두 구원받고 안락을 얻어서 올바른 깨달음에 도달할 때까지는 저는 결단코 성불하지 않으리다."라는 서원이 이를 반증한다. 지장보살님이 바라는 오직 한 가지 소원은 번뇌와 고통, 좌절과 혼란 속에 있는 모든 인간의 구원에 있다. 지장보살님의 진면목은 조건 없는 인간 구원에 있다.

본 편저는 교양용 독서본을 지향하고는 있지만, 기본적으로 경전을 옮겨 놓은 것이기 때문에 다음과 같은 분들이 일차적으로 이를 만날 수 있기를 기원 드린다. 예컨대 큰 뜻을 이루고자 하시는 분들, 중요한 결정을 앞두고 계시는 분들, 하시는 일들이 잘 풀리지 않으시는 분들, 일상생활에서 곤궁함을 지속적으로 느끼는 분들, 밤에 꿈자리가 흉흉한 분들, 알 수 없는 불안을 지속적으로 느끼는 분들, 인생의 나아갈 방향을 두고 혼란을 겪고 계시는 분들에게 먼저 일독(一讀)을 권한다. 이유는 지장보살님은 이와 같은 분들과 우선적으로 함께 하시기를 소원하고 계시기 때문이다.

한편, 본 편저는 각종 용어의 이해 및 주변 사항에 대한 도움을 드리는 차원에서 170개에 달하는 각주(해설주) 및 23개의 관련 부록을 함께 수록하였다. 나아가 기존에 간행·독경되고 있는 관련 경전들 간에 미묘한 차이를 보였던 부분에 대해서는 영어 번역본의 내용을 크게 참조하였으며, 문단 구분은 전적으로 實叉難陀(譯)의 '地藏菩薩本願經'에 따랐다.

본서의 출간에는 기존의 관련 경전 및 연구물이 함께하기에 관계분들께 깊은 감사를 드리는 바이다. 또한 많은 분들의 수고로움도 함께하기에 이에 감사를 드린다. 원고 작성 과정에서 용기를 주었던 동료 교수들, 본서에 깊은 관심을 보여주셨던 (사)한국전통온열문화연구원 문장복 총재님과 번거로운 원고 교정 작업을 도와주셨던 동 연구원의 김자운 실장님, 자료 정리를 도와주었던 행정학과 정문주 및 정연주 조교님, 좋지 않은 시력에도 불구하고 작은 노트북 화면만 바라보고 있는 남편을 안타까운 마음으로 바라보아야만 했던 아내에게도 감사를 드린다.

특히 출판사의 어려운 사정에도 불구하고 본서의 출간은 물론 감수까지 흔쾌히 승낙하여 주신 안심정사 법안 큰 스님과 '도서출판 안심'에 깊은 감사와 함께 귀 출판사의 무궁한 발전을 기원 드립니다. 본인이 지장경과 본격적인 연분을 맺게 된 것도 안심정사 법안 큰 스님의 높은 법력으로부터 인연되었음에 비추어 감사를 드리는 마음은 더욱 그러하다.

2024. 12
민족의 명산 봉림산 자락의 명예교수 연구실에서
편역자 씀

서문

제1품 길라잡이

석가모니 부처님(세존)께서는 일찍 돌아가신 어머니 마야 부인을 위하여 도리천에서 설법하셨으며, 법회에는 수많은 부처님과 보살마하살을 비롯하여 사바세계와 타방국토로부터 한량없는 천신, 용신, 귀신 등이 모였다.

그때, 세존께서는 문수사리 보살마하살에게 "지금 이 법회에 모인 부처님, 보살, 천인, 용, 귀신 등이 너무 많아서 세존의 눈(佛眼)으로도 가히 다 헤아릴 수 없으리니. 이들 모두는 지장보살이 오랜 세월에 걸쳐 이미 제도하였거나, 지금 제도 중이거나, 앞으로 제도할 이들이며, 이미 성취시켰거나, 지금 성취 중이거나, 앞으로 성취시킬 이들이니라."라고 말씀하셨다.

이에 문수보살은 세존께 "지장보살은 깨달음의 과정에서 어떤 서원을 세웠고, 어떤 수행을 하였기에 이와 같은 불가사의한 성취를 능히 이루셨나이까?"하고 물으셨다. 이에 세존께서는 지장보살의 위신력과 서원의 불가사의함을 말씀하심에 더하여 지장보살의 오랜 과거생(前生)에 보여주셨던 대장자의 아들 및 바라문의 딸로서의 성취 사례를 말씀하셨다.

예컨대 오랜 아승기겁 전에 각화정자재왕여래가 계셨는데, 그때 숙세의 복이 두터운 바라문의 딸(성녀)이 있었다. 그런데, 성녀의 어머니는 사도를 믿고 삼보를 경시하였으며, 온전한 믿음을 내지 못한 채 죽어 혼신이 무간지옥에 떨어졌다. 성녀는 돌아가신 어머니를 위하여 각화정자재왕여래의 탑상 앞에 공양을 드렸고, 이후 집에 돌아와 단정히 앉아 하루밤낮이 지나도록 각화정자재왕여래를 염불하다 보니 자신이 어느 바닷가에 와있었다. 바닷물은 펄펄 끓고 있었고 몸이 쇠로 되어있는 많은 험악한 짐승들이 바다 위를 무리지어 날아다녔다.

한편, 수많은 남녀들이 바닷물에 빠져 허우적거리다가 험악한 짐승들에게 다투어 잡아 먹혀 이를 차마 볼 수가 없었지만, 염불력으로 두려움은 없었다. 이때, 무독이란 귀왕이 성녀를 맞이하였다. 이에 성녀는 "제 어머니는 돌아가신 지 오래되지 않았는데 혼신이 어디에 가 있는지 알 수 없다"라고 하였다.

이에, 무독이 어머니의 성씨를 무엇인지 물으니 열제리라고 하였다. 이에 무독은 합장하면서 "성녀는 근심하거나 슬퍼하지 말고 집으로 돌아가시라"고 하였다. "죄녀 열제리는 효순한 자식이 각화정자재왕여래의 탑사에 보시한 공덕으로 천상에 태어나는 즐거움을 얻게 되었노라"고 하였다.

이에, 성녀는 각화정자재왕여래의 탑상 앞에서 큰 세원을 세우기를 "저는 미래겁이 다하도록 죄고 중생을 위하여 널리 방편을 펴서 그들을 해탈시키도록 하겠습니다."라고 서원을 세웠나니, 그때의 바라문의 딸이 바로 지장보살의 전신이라고 말씀하였다.

제2품 길라잡이

무량 아승기 세계의 지옥계에 있는 지장보살의 분신들이 모두 함께 도리천의 법회에 참석하였다. 이에 세존께서는 이들 지장보살 분신들의 이마를 어루만지시면서 "나는 오탁악세에서 억세고 거친 중생들을 교화하여 바른 길로 인도하지만, 열에 하나나 둘은 여전히 악습이 남아있어서, 천백억 분신으로 방편을 널리 베푸느니라. 하지만, 여전히 조복되지 못한 자가 있어 업보에 따라 악도에 떨어져 고통받는 것을 보거든 그대는 내가 도리천에서 간곡히 부촉한 것을 기억하여 사바세계에 미륵불이 오실 때까지 중생들을 해탈시켜 고통에서 벗어나 부처님의 수기를 받도록 하라."고 하셨다.

이에 모든 지장보살 분신들은 다시 한 몸으로 돌아가 눈물을 흘리면서 애절하게 세존께 말씀드렸다. "만약, 불법 가운데서 한 터럭, 한 물방울, 모래 한 알, 한 티끌이나 털끝만한 착한 일이라도 한다면 제가 점차 교화하고 제도시켜 큰 이로움을 얻게 하겠습니다."라고 했다.

이에 세존께서는 "장하도다. 내가 그대의 기쁨을 도우리라. 그대는 구원겁으로부터 세운 큰 서원을 능히 성취하고 널리 중생을 제도한 후에 곧 보리를 증득할지니라."라고 하였다.

제3품 길라잡이

제3품의 주요 흐름은 도리천 법회에 참석하셨던 부처님의 어머니 마야부인과 지장보살님 간의 대화 양식으로 이루어져 있다. 이때, 마야부인께서 지장보살님에게 염부제에서 지은 죄업으로 악도에서 받게 되는 죄보에 대하여 질문을 하시고, 지장보살님께서 무간지옥을 중심으로 염부제 중생의 죄와 과보에 대하여 말씀을 하신다.

이와 관련, 특히 오무간지옥을 중심으로 이를 자세히 설명하고 계신다. 무간지옥에 떨어지면 잠깐만이라도 고통이 멈추기를 원해도 한 순간도 이를 이룰 수 없으며, 특히 오무간지옥의 경우, 5가지 유형의 무차별적 고통(무간 죄보)을 받는 것으로 말씀하신다.

즉, 죄보의 고통이 한 순도 멈추지 않으며, 한 사람만으로도 평상(죄를 받는 곳)에 가득 차며 많은 사람이 있어도 각기 평상에 가득 차며, 죄보의 고통은 한량없는 기간 동안에 끊어지지 않으며, 죄인의 신분 유형과는 무관하게 고통을 받으며, 하루에도 만 번 죽었다가 만 번 살아다가 하며 한순간도 고통이 멈추지 않기에 무간이라 한다고 말씀하신다.

제4품 길라잡이

제4품의 주요 흐름은 크게 세존과 정자재왕보살 및 세존과 사천왕간의 대화 양식으로 이루어져 있다. 도리천 법회에서 세존께서 지장보살을 찬탄하시니 정자재왕보살께서 세존에게 "지장보살은 오랜 겁에 걸쳐 어떤 서원을 세워왔기에 이토록 세존의 찬탄을 받나이까?"라고 질문을 하신다.

이에 세존께서는 다음과 같은 말씀을 하셨다. 즉, 과거 한량없는 아승기 겁 전에 청정연화목여래께서 세상에 출현하셨으며 그 부처님의 상법시대에 한 나한이 중생을 제도하는 과정에서 광목이란 여인의 공양을 받았다. 이에 광목의 소원을 물어 보니, 돌아가신 어머니를 제도하여드리고자 하나, 어디에 계시는지 모른다고 하였다. 이에 나한은 지극한 정성으로 청정연화목여래의 형상을 조성하거나 탱화로 그려 모시면 산 사람도 죽은 사람도 모두 좋은 과보를 얻을 것이라고 권하였으며, 이와 관련된 내용들이 이어져 나타나고 있으며, 광목녀는 어느 과거세의 지장보살의 전신이었다고 말씀하셨다.

한편, 동 법회에 참석하였던 사천왕이 세존께, "지장보살은 구원겁에 걸쳐 큰 서원을 세워왔는데, 어찌하여 아직까지도 중생 제도를 다 이루지 못하고 또 다시 광대한 서원을 세우나이까?"라고 여쭈었다. 이에 세존께서는 다음과 같이 말씀하셨다. 즉 "미래의 한량없는 겁으로 중생의 업연이 이어져 끊이지 않음을 살펴보았기 때문에 지장보살은 사바세계 염부제 안에서 백천만억 방편을 펴서 중생들을 널리 제도 하는 것이니라."는 말씀에 더하여, 살생하는 자를 만나면 그 재앙으로 단명하게 되는 업보를 말하는 주는 등의 다양한 모습의 방편을 말씀하여 주고 계신다.

제5품 길라잡이

제5품의 주요 흐름은 보현보살과 지장보살간의 대화 양식으로 이루어져 있다. 즉, 보현보살이 지장보살에게 사바세계 염부제의 죄고 중생들이 업보로 받게 되는 지옥의 이름과 그 괴로움의 과보에 대하여 질문을 하시고, 지장보살이 이에 대해 설명을 하신다.

즉 염부제의 동쪽에는 철위산이 있는데, 거기에는 극무간이라는 대지옥을 비롯하여 다양한 형태의 지옥이 있는 것으로 말씀하신다. 나아가 지옥에서 받게 되는 죄보에 대해서도 말씀하신다. 예컨대 어떤 지옥은 가마의 끓는 물로 죄인의 몸을 삶고, 어떤 지옥은 죄인으로 하여금 벌겋게 달구어진 구리기둥을 안게 하며, 어떤 지옥은 쇠뱀이 몸을 감는 등의 죄보를 말씀하신다. 이와 같은 죄보는 중생들이 지은 업으로 받게 되는 인과응보라고 말씀하신다.

제6품 길라잡이

제6품의 주요 흐름은 세존과 보광보살 간의 대화 양식으로 이루어져 있다. 즉 보광보살이 세존께 지장보살이 인간과 천상에게 이익을 주는 인과와 복덕에 대하여 질문을 하고, 세존께서 이에 대한 자세하고도 구체적인 대답을 하시는 것으로 구성되어 있다.

예컨대 미래세에 중생들이 꿈이나 잠결에서 귀신들이 슬퍼하거나 울거나 근심하거나 탄식하거나 두려워하는 등의 형상을 보게 되면 이는 모두 한 생이나 열생, 백 생, 천 생의 과거세의 부모, 형제, 자매, 남편, 아내 등의 권속이 악도에서 벗어나지 못하고 스스로는 구원될 복력이 없어서 숙세의 가족에게 호소하여 악도에서 구원하여 줄 것을 소원하는 것이라고 말씀하셨다.

이때 권속들이 불보살의 형상 앞에 나아가 지극한 마음으로 직접 지장경을 읽거나, 또는 다른 사람에게 권청하여 읽게 하되 세 번이나 일곱 번에 이르게 되면 악도에 떨어진 권속들은 지장경의 독경 소리와 회수가 끝날 때에는 해탈을 얻어서 다시는 꿈결에 나타나지 않을 것이라고 말씀하셨다.

또한 염부제 중생들은 지장보살과 큰 인연이 있나니, 중생들이 지장보살의 이름을 듣거나 형상을 보거나 또는 지장경의 석 자나 다섯 자 혹은 한 게송이나 한 구절이라도 듣는 자는 현세에서 아주 안락할 것이며, 미래세 백천만 생을 항상 단정한 몸으로 존귀한 가문에 태어날 것이라고 말씀하셨다.

이에 보광보살은 무릎 꿇고 합장하며 세존께 말씀드리기를 이 경의 이름은 무엇이며 어떻게 이를 유포할지를 물었으며, 이에 세존께서는 다음과 같이 말씀하셨다. 이 경의 이름은 셋으로써 지장본원, 지장본행, 지장본서력경이니 이는 지장보살이 오랜 겁을 지내면서 큰 서원을 거듭 세워 중생들에게 이익을 주려는 것에서 연유한 것이니, 그대들은 이와 같은 서원에 따라서 이를 널리 펴도록 할 것으로 말씀하셨다.

제7품 길라잡이

제7품의 주요 흐름은 지장보살과 세존 그리고 대변장자와 지장보살 간의 대화 양식으로 이루어져 있다.

먼저 지장보살이 세존께 말씀드리기를 "염부제 중생들은 생각하고 행동하는 것이 죄 아닌 것이 없을 지니, 좋은 인연을 만나더라도 처음에 낸 마음을 지키기 어렵고 악한 인연을 만나면 생각 생각에 악한 마음이 점점 더해집니다. 이는 마치 무거운 짐을 지고 진흙길을 걷는 것과 같아서 갈수록 발이 더욱 깊이 빠져드는 것과 같나이다. 다행히 선지식을 만나면 그 짐을 덜어주거나 대신 져주니 이는 선지식에게 큰 힘이 있기 때문입니다."

"중생들에게 이와 같은 습성이 있으므로 임종할 경우, 가족들이 그를 위하여 마땅히 복을 닦아 앞길을 열어주어야 합니다. 그가 죽은 뒤 49일 안에 가족들이 여러 가지 좋은 공덕을 지어주면 그 중생은 영원히 악도를 여의고 인간이나 천상에 태어나 수승하고 묘한 낙을 받게 되며 현재의 가족들도 한량없는 이익을 받을 것"이라고 말씀드렸다.

지장보살이 이와 같은 말씀을 드릴 때, 법회에 참석하였던 대변장자가 지장보살에게 다음과 같이 질문을 하였다. "보살이시여, 염부제의 중생이 임종한 후에 가족들이 그를 위하여 공덕을 닦고 재를 베풀어 여러 가지 선한 일을 하면 임종한 자가 큰 이익을 얻어 해탈할 수 있습니까?" 이에, 지장보살은 "어떤 남자나 여인이 생전에 선한 일보다 중죄를 많이 지었더라도 임종 후에 가족들이 그를 위하여 훌륭한 공덕을 지어 복을 닦아주게 되면, 그 공덕의 칠분의 일은 죽은 자에게 돌아가고 나머지 여섯은 산사람의 이익이 됩니다. 따라서 선남자 선여인은 이 말을 명심하여 살아 있을 때 스스로 복을 닦게 되면 그 공덕 모두를 자신이 얻을 수 있습니다."라고 하였다. 선지식과의 인연의 소중함 및 자신이 스스로 복을 짓는 공덕에 대한 중요함을 느끼게 한다.

제8품 길라잡이

　　제8품은 주요 흐름은 크게 세존과 염라천자, 세존과 악독귀왕, 세존과 주명귀왕 간의 대화 양식으로 이루어져 있다.

　　먼저 도리천 법화에 참석하였던 염라천자가 세존에 다음과 같은 질문을 하셨다. "제가 지장보살을 뵈오니 육도 중에 계시면서 백천 가지 방편으로 죄고 중생을 제도하면서 피로와 괴로움을 마다하지 않습니다. 중생들은 지장보살의 이와 같은 불가사의한 신통력으로 죄보에서 벗어났다가도 또다시 악도에 떨어집니다. 지장보살에게 이와 같은 불가사의한 신력이 있사온데 어찌하여 중생들은 올바른 법에 의지하여 영원한 해탈을 얻지 못하나이까?" 이에 부처님께서는 "남염부제의 중생들은 성품이 억세고 거칠어 조복시키기 어렵지만 지장보살은 백천겁 동안 이와 같은 중생들을 하나하나 구제하여 해탈로 이끌고 있다. 염부제 중생들은 악습이 무겁게 맺혀서 구제되었다가도 금방 돌아가므로 지장보살이 오랜 겁을 지내면서 수고롭게 제도하여야 비로소 해탈하게 된다."라고 하셨다.

　　한편, 법회에 참석하였던 주명귀왕이 세존께 다음과 같이 말씀드렸다. "염부제에 아기가 태어날 때 남자든 여자든 집안사람들이 착한 일을 하면 집안에 이로움이 더하게 되고 토지신도 한없이 기뻐하여 아기와 산모를 보호하고 큰 안락을 얻게 하며 가족들도 이롭게 하나이다. 그러므로 아기를 낳은 뒤에는 조심하고 삼가하여 살생을 하지 말아야 함에도 불구하고 여러 가지 비린 것을 산모에게 먹이고 친척들이 모여 술을 마시고 고기를 먹으며 노래를 부르고 풍악을 울리며 즐긴다면 산모와 아기가 편안함과 즐거움을 얻지 못하게 됩니다."

또한 "염부제의 중생들은 임종할 때에 정신이 아득해져서 선악을 분간하지 못하고 눈과 귀로 볼 수도 들을 수도 없습니다. 이때 가족들이 큰 공양을 베풀고 귀중한 경전을 읽어주며 부처님과 보살의 명호를 염불하여 주면, 이러한 좋은 인연으로 망인으로 하여금 모든 악도에서 벗어나게 하고 모든 마귀와 귀신들도 흩어지고 물러가게 합니다."

이에 세존께서는 지장보살에게 말씀하셨다. "주명귀왕은 백천생 동안 대귀왕으로 지내면서 중생을 나고 죽음 속에서 보호하고 있나니. 이는 보살이 자비원력으로 대귀왕의 몸을 나타낸 것이지 사실은 귀왕이 아니다. 앞으로 백칠십 겁을 지나서 성불할 것이니 명호는 무상여래이고 겁의 이름은 안락이며 세계의 이름은 정주라고 하며 그 부처님의 수명은 헤아릴 수 없는 겁이 될 것이다."

제9품 길라잡이

제9품의 주요 흐름은 지장보살과 세존간의 대화 양식으로 이루어져 있다. 먼저 지장보살은 세존께 "저는 지금 미래 중생들에게 이익 되는 일을 말하여 그들이 나고 죽는 가운데에서 큰 이익을 얻을 수 있도록 할까 하오니 세존께서 저의 언사를 살펴 주시옵소서."라고 말씀드리면서 무변신여래를 비롯하여 많은 부처님의 명호와 명호에 대한 염불의 공덕을 말씀드렸다.

"부처님의 명호를 염불하는 중생은 살아있을 때나 죽은 뒤나 큰 이익을 얻어 끝내 악도에 떨어지지 않을 것입니다. 또한 임종을 맞이하여 그 사람의 집안 권속들 중에서 한 사람이라도 그 병자를 위하여 한 부처님의 명호만 큰 소리로 염불하여도 임종하는 사람의 과보는 오무간의 죄를 제외하고는 모두 소멸됩니다. 오무간의 죄가 지극히 무거워 억겁을 지나도 도저히 벗어날 수 없을지라도 임종을 맞이하여 다른 사람이 그를 위하여 부처님의 명호를 염불하여 주면 무거운 죄업도 점점 소멸될 것입니다. 그런데 하물며 그 중생 스스로 염불하는 것이야 어떻겠습니까. 한량없는 복을 얻어 한량없는 죄가 소멸될 것입니다."

제10품 길라잡이

　제10품의 주요 흐름은 지장보살과 세존간의 대화 양식으로 이루어져 있는데, 그 중요 내용은 보시 공덕의 가벼움과 무거움에 대한 세존의 말씀이다. 지장보살이 세존께 "중생의 보시 공덕을 헤아려보니 가벼운 것도 있고 무거운 것도 있어서 한 생만 복을 받는 것도 있고 열 생 동안 복을 받는 것도 있으며 백 생, 천 생토록 큰 복을 받는 것도 있는데 이는 어떤 까닭인지 세존이시여, 말씀하여 주옵소서." 라고 여쭙는다.

　이에 세존께서는 "내가 도리천궁에 일체 대중들이 모인 가운데서 염부제 중생들의 보시 공덕의 가벼움과 무거움을 헤아려 설하노니 자세히 듣도록 하라."고 하시면서, 다양한 예시를 말씀하셨다. "지장보살이여, 미래세에 선남자 선여인이 불법 중에서 선근을 심어 보시 공양하거나, 탑이나 절을 보수하거나, 경전을 편찬하고 관리하는 등 터럭 하나, 티끌 한 톨, 모래 한 알, 물 한 방울만큼의 선한 일이라도 법계에 회향한다면 이 사람은 그 공덕으로 백천 생 동안 으뜸가는 복락을 누릴 것이다. 하지만 그 공덕을 가족이나 자신만의 이익으로 돌린다면 이와 같은 과보는 곧 삼생의 즐거움뿐일지니. 작은 것을 버려야 크고 많은 과보를 얻을 수 있으리니. 지장보살이여, 보시의 인연 공덕은 이와 같도다."라고 하셨다.

제11품 길라잡이

　제11품의 주요 흐름은 견뢰지신과 세존간의 대화 양식으로 이루어져 있다. 견뢰지신이 세존께 "저는 예전부터 한량없이 많은 보살마하살을 뵙고 받들어 예배하여 왔사온데, 모두가 불가사의한 신통력과 지혜로 널리 중생을 제도하지만 지장보살마하살의 서원은 모든 보살들보다 더 깊고 장엄하십니다. 세존이시여, 지장보살은 염부제와 큰 인연이 있습니다. 문수, 보현, 관음, 미륵보살도 역시 백천의 형상으로 나타나 육도 중생을 제도하지만 그 서원에는 끝이 있으련만, 육도의 모든 중생을 교화하고자 세운 지장보살의 서원은 백천억 항하의 모래알 수와 같나이다."라고 말씀드렸다.

이어서 "제가 살펴보니 현재와 미래의 중생들이 살고 있는 곳의 남쪽 청결한 곳에 흙이나 돌, 대, 또는 나무로 감실을 만들어 거기에 지장보살의 탱화나 금, 은, 동, 철로 형상을 조성하여 모시고 향을 피워 공양하고 예배 찬탄하면 이 사람이 사는 곳에서 열 가지의 이익을 얻을 것입니다."라고 하였다. 열 가지는 "토지에 풍년이 들고, 집안이 언제나 평안하며, 선망 가족들이 천상에 나고, 살아있는 가족들은 수명을 더하며, 구하는 바가 뜻대로 되고, 수재나 화재가 없으며, 헛되이 잃는 재물이 없고, 나쁜 꿈이 사라지며, 출입할 때 신장들이 보호하고, 좋은 인연을 많이 만나는 것입니다."라고 하였다.

제12품 길라잡이

제12품의 주요 흐름은 세존과 관세음보살 간에 지장보살의 불가사의한 공덕 성취에 대한 대화 양식으로 이루어져 있다. 관세음보살께서 세존께 "지장보살의 무한한 공덕과 불가사의한 위신력에 대해 세존과 시방세계 모든 부처님께서 한결같이 '과거, 현재, 미래의 모든 부처님들께서 그 공덕을 말씀하셔도 끝이 없으리.'라고 찬탄하시는 것을 들었습니다. 세존이시여, 현재와 미래의 모든 중생을 위하여 지장보살의 불가사의한 공덕 성취를 말씀하셔서 천룡팔부들로 하여금 예배하고 복을 얻게 하여 주시기를 바라옵니다."라고 말씀드렸다.

이에 세존께서는 사례를 들어서 지장보살의 무한한 공덕과 불가사의한 위신력을 말씀하였다. "관세음보살이여, 미래세에 의복과 음식이 부족하여 구하여도 뜻대로 안 되거나, 질병이 많고 흉쇠한 일이 많아서 집안이 불안하고 가족이 흩어지거나, 흉한 일이 많이 일어나 몸이 괴롭고 꿈에 놀랍고 두려운 일이 많은 사람이라면 지장보살의 명호를 듣고 지장보살의 형상을 보고, 지극한 마음으로 공경하며 만 번을 염불한다면 이와 같이 좋지 않은 모든 일이 점점 사라져 마침내 안락함을 얻고 먹고 입는 것이 풍족해지고 꿈도 모두 편안해질 것이다."

"또한 미래세에 선남자 선여인이 생업으로나 공적이나 사적인 일로나, 생사에 관한 일로나, 매우 긴급한 일 등으로 산이나 숲속에 들어가거나, 강이나 바다 같은 큰물을 건너거나, 험한 길을 지나가게 되었을 때 이 사람이 먼저 지장보살의 명호를 만 번 염불하면 지나는 곳의 토지신이 보호하여 다니고 머물고 앉고 눕는 모든 일이 언제나 안락할 것이며 호랑이, 늑대, 사자 따위의 온갖 독하고 해로운 것을 만나더라도 해를 입지 않게 될 것이다."

부처님께서 관세음보살에게 "지장보살은 염부제와 큰 인연이 있나니. 중생들이 보고 듣는 모든 이익을 말하자면 백천 겁 동안 말하여도 끝이 없을 것이다."라고 말씀하셨다.

제13품 길라잡이

제13품의 주요 흐름은 염부제 중생을 위한 세존의 지장보살에 대한 간곡한 부촉과 함께 허공장보살과 세존간의 대화 양식으로 이루어져 있다. 세존께서는 지장보살에게 "내가 이제 하늘과 인간을 그대에게 부촉하노니 미래세에 천인과 선남자나 선여인이 불법 중에서 터럭 하나, 티끌 한 점, 모래 한 알, 물 한 방울만한 작은 선근이라도 심으면 그대의 도력으로 이들을 보호하여 점차로 위없는 도를 닦아 길이 물러나지 않도록 하라."

"또한 지장보살이여, 미래세에 천인이나 인간이 업보에 따라 악도에 떨어지거나, 떨어지려 하거나, 혹은 악도의 문 앞에 이르러 한 부처님이나 한 보살의 명호, 대승경전의 한 구절이나 한 게송만이라도 외우면 그대는 신력과 방편으로써 이 중생들을 구제하되, 그들이 있는 곳에 한없는 몸을 나타내어 지옥을 부수고 하늘에 태어나게 하여 승묘한 낙을 누리게 하라."고 말씀하셨다.

세존께서 이와 같은 말씀을 하실 때, 법회에 참석하였던 허공장보살이 세존께 "세존이시여, 제가 도리천에 이르러 여래께서 지장보살의 불가사의한 위신력을 찬탄하시는 것을 들었습니다. 만약 미래세에 선남자 선여인과 모든 천룡들이 이 경전과 지장보살의 명호를 듣고 형상에 예배드리면 어떤 복덕을 얻게 되나이까?"하고 여쭈었다.

이에 세존께서 허공장보살에게 "잘 들으라. 내가 그대를 위하여 분별하여 말하리니. 만약 미래세에 선남자 선여인이 지장보살의 형상을 보고 이 경전을 듣고 독경하거나, 향과 꽃을 올리며 음식, 의복, 보물 등으로 보시 공양을 올리고 이를 찬탄 예배하면 스물여덟 가지의 공덕을 얻느니라."고 하셨으며, 나아가서 "현재와 미래에 천룡과 귀신이 지장보살의 이름을 듣고 지장보살의 형상에 예배하거나, 지장보살의 본원과 원행을 듣고 찬탄 예배하면 일곱 가지의 이익을 얻느니라."고 말씀하셨다.

그때 도리천에는 한량없는 향과 꽃과 하늘 옷과 보배 구슬이 비 오듯 내려 석가모니 부처님과 지장보살께 공양하였고 법회에 모인 모든 대중은 다시금 경건히 예배 합장하고 물러갔다.

차례

✳

제1품   도리천궁에서 신통력을 보이심
忉利天宮神通品

이와 같이 나는 들었다. 한때 부처님께서는 도리천[1]에서 어머니를 위하여 설법하셨다.(부록2)

그때, 시방(十方)[2]의 한량없는 세계에서 이루 말할 수 없이 많은 부처님과 보살마하살들[3]이 모두 함께 법회에 오셔서 "석가모니 부처

---

1   도리천 : 불교세계관에 따르면 중생들이 윤회 전생하는 세계는 크게 **욕계, 색계,** 무색계로 구분. 이때 **욕계는 지옥,** 아귀, 축생, 수라, 인간, 천상계로 재구분되며, 천상계는 사천왕천, 도리천, 야마천, 도솔천, 화락천, 타화자재천의 소위 6欲天으로 재구분. 도리천의 별칭은 33天. 6욕천은 천신들의 세계이지만 윤회 전생함(부록1).

2   시방 : 동 서 남 북, 그 사이의 4개 간방 및 상 하 방위를 합쳐서 10방위

3   부처님과 보살마하살 : 삼천대천세계에는 수많은 부처님과 보살마하살이 계심. 앞으로 부처님 및 보살마하살의 존칭이 사용될 경우 이것이 고유명사(지시대명사)인지 보통명사인지 구분 필요. 이것은 보통명사임. 부처님과 보살마하살에 대한 설명은 재논의

님께서는 오탁악세(부록12)에서 능히 불가사의한 큰 지혜와 신통력을 나타내시어, 억세고 거친 중생[4]들을 조복(調伏)시켜 '고락의 법'(苦樂法)을 알게 하신다."라고 찬탄하시며 시자(侍者)들을 보내시어 세존께 문안드렸다.

그때, 여래(부록3)께서는 웃음을 보이시며 백천만 억의 거대한 광명구름을 일으키시니 이른바 대원만 광명운, 대자비 광명운, 대지혜 광명운, 대반야 광명운, 대삼매 광명운, 대길상 광명운, 대복덕 광명운, 대공덕 광명운, 대귀의 광명운, 대찬탄 광명운이었다. 이러한 말로는 다할 수 없는 광명구름을 일으키시고는

또, 갖가지 미묘한 음성을 내시니 이른바 보시바라밀음, 지계바라밀음, 인욕바라밀음, 정진바라밀음, 선정바라밀음, 반야바라밀음[5], 자비음, 희사음, 해탈음, 무루음(無漏音)[6], 지혜음, 대지혜음, 사자후음, 대사자후음, 운뢰음, 대운뢰음이었다.

---

4 중생 : 인간을 비롯하여 생명력이 있는 모든 존재. 즉 모든 유정(有情)을 의미
5 여기까지가 육바라밀에 해당. 바라밀은 범어 'pāramitā'의 음역. 완전한 상태, 최고의 상태를 뜻함. 불교적으로는 미망과 생사의 길에서 해탈과 열반의 길에 이르기 위하여 보살 등이 수행하는 실천 덕목을 의미(부록21, 참조)
6 무루음 : 완전한 깨달음에 이르러 번뇌 등이 더 이상 생기지 않는 무욕(無欲)의 상태

이러한 말로는 다할 수 없는 음성을 내시니 사바세계(부록4)와 타방국토(他方國土)에서 이루 말할 수 없이 많은 천신, 용, 귀신들도 도리천궁에 모여들었는데 이들은 이른바 사천왕천, 도리천, 수염마천, 도솔타천, 화락천, 타화자재천, 범중천, 범보천, 대범천, 소광천, 무량광천, 광음천, 소정천, 무량정천, 변정천, 복생천, 복애천, 광과천, 엄식천, 무량엄식천, 엄식과실천, 무상천, 무번천, 무열천, 선견천, 선현천, 색구경천, 마혜수라천, 비상비비상처천의 모든 천신, 용신, 귀신들로서 모두 법회에 참석하였다.(부록5)

또한, 타방국토와 사바세계의 해신, 강신, 하신, 수신(樹神), 산신, 지신, 천택신(川澤神), 묘가신(苗稼神), 주신, 야신, 공신(公神), 천신, 음식신, 초목신들도 모두 도리천의 법회에 모였으며

또한, 타방국토와 사바세계의 여러 대귀왕들인 이른바 악목귀왕, 담혈귀왕, 담정기귀왕, 담태란귀왕, 행병귀왕, 섭독귀왕, 자심귀왕, 복리귀왕, 대애경귀왕들도 모두 도리천의 법회에 모였다.

그때, 석가모니 부처님께서 문수사리 법왕자 보살마하살에게 말씀하셨다.

"그대는 이 세계와 저 세계, 이 국토와 저 국토에서 지금 도리천

의 법회에 모인 부처님, 보살, 천인, 용, 귀신들을 보고 있으리니. 그 수를 모두 헤아릴 수 있겠는가?"

문수사리가 부처님께 말씀드렸다.

"세존이시여, 저의 신력으로는 천겁(千劫)[7] 동안을 헤아릴지라도 다 알 수가 없겠나이다."

부처님께서 문수사리에게 말씀하셨다.

"내가 불안(佛眼)으로 헤아릴지라도 다 헤아릴 수 없을지니. 이들은 모두 지장보살(부록22)이 오랜 세월에 걸쳐 이미 제도하였거나 지금 제도 중이거나 앞으로 제도할 이들이며, 또한 이미 성취[8]시켰거나 지금 성취 중이거나 앞으로 성취시킬 이들이니라."

문수사리가 부처님께 말씀드렸다.

"세존이시여, 저는 과거로부터 오랫동안 선근을 닦아 '막힘없는 지혜'(無礙智)[9]를 얻었기에 부처님의 말씀을 듣고 이를 즉시 받아들

---

7 겁 : 범어 'kalpa'의 음역. 하나의 소우주가 생성·소멸하는 불교적 시간 단위. 1劫은 욕계의 약 43조 2천억년으로 추산
8 원문은 '己度', '己成就'. 이때 제도는 '구원', 성취는 '깨달음'과 같은 의미로 이해
9 막힘없는 지혜 : '無礙智'를 대부분 '걸림 없는 지혜'로 번역

이지만 소과(小果)의 성문(聲聞; 부록7)이나 천룡팔부[10]나 미래세의 중생들은 비록 여래의 진실하신 말씀을 듣더라도 반드시 의혹을 품을 것이며, 설령 받아들일지라도 여전히 비방하기를 멈추기 어려울 것입니다."

"세존이시여, 오직 원하옵나니 지장보살마하살은 깨달음의 과정[11]에서 어떤 서원을 세웠고 어떤 수행을 하였기에 이와 같은 불가사의한 성취를 능히 이루셨는지 말씀하여 주옵소서."

부처님께서 문수사리에게 말씀하셨다.

"비유하자면 삼천대천세계에 있는 초목, 수림, 벼, 삼, 대, 갈대, 산, 돌, 티끌에 이르기까지 모두 헤아려 그 하나하나를 한 개의 항하로 삼고, 그 한 개의 항하에 있는 모래 한 알을 한 개의 세계로 삼고, 그 한 개의 세계 안에 있는 한 개의 먼지를 일 겁(一劫)으로 삼고, 그 일 겁 동안에 쌓인 먼지의 수를 다시 겁으로 계산하더라도 지장보살이 십지과위(十地果位)[12]를 증득한 기간은 앞에서 비유한 수보다

---

10 천룡팔부 : 佛法을 수호하는 8종류의 神族 즉, 천, 룡, 야차, 건달바, 아수라, 가루나, 긴나라, 마후라가(부록5). 부처님의 10대 제자와 함께 부처님의 권속에 속함

11 깨달음의 과정 : 원문은 '因地作河行', 이때 '因地'는 깨달음에 이르는 52개 果位를 의미(부록6)

12 십지과위 : 깨달음에 이르는 52개 果位(단계) 중에서 '10地'는 41~50위, 즉 성자의 반열에 들어가는 단계(부록6)

천 배도 더 오래거늘, 하물며 지장보살이 성문(聲聞)과 벽지불(辟支佛)[13]의 지위에서까지 어찌 다 말할 수 있으랴.”

“문수사리여, 지장보살의 위신력(威神力)[14]과 서원은 불가사의하도다. 만약 미래세에 선남자 선여인이 지장보살의 명호를 듣거나 이를 찬탄하거나 우러러 예배하거나 명호를 부르거나 공양을 올리거나 형상을 그리거나 조각하거나 옻칠을 올리거나 하면 그 사람은 33天[15]에 백 번이나 다시 나서 영원히 악도에 떨어지지 않으리라.”

“문수사리여, 이 지장보살마하살은 과거 무량한 오랜 겁 전에 어떤 대장자(大長者)[16]의 아들이었느니라. 그때 세상에 부처님이 계셨으니 명호는 사자분신구족만행여래(師子奮迅具足萬行如來)였다. 장자의 아들은 부처님의 상호가 천복으로 장엄(莊嚴)[17]하심을 보고, 부처님께 ‘어떤 서원을 세우고 수행을 하여야 그런 상호를 얻나이까?’하고 여쭈었더니 부처님께서는 장자의 아들에게 ‘이런 몸을 얻고자 하면 마땅히 오랫동안 온갖 고통 받는 중생을 건져주어야 하느니라.’고

---

13 성문과 벽지불 : 성문, 벽지불(연각), 보살 등은 ‘부록7’ 참조.
14 위신력 : 범어 ‘anubhāva’의 역어. 불보살님께서 중생들의 눈으로는 볼 수 없는 선한 방편으로 깨달음의 길로 인도하여 주시는 신령스러운 힘
15 33天 : 도리천의 별칭. 욕계의 6천(天) 중의 제2천에 해당(부록1, 8)
16 장자 : 부유하고 사회적으로 영향력이 강하면서 佛法을 옹호하였던 사회 유력 인사
17 장엄 : 숭고하고 신성하며 엄중한 모습

말씀하셨다."

"문수사리여, 이에 장자의 아들은 서원을 세우기를 '나는 지금부터 미래세의 헤아릴 수 없는 겁이 다할 때까지 죄로 고통 받는 육도중생을 위해 널리 방편을 펴서 이들을 모두 해탈[18]시킬 때까지는 자신은 성불하지 않겠노라'는 서원을 부처님 앞에서 세웠으며 이루 말할 수 없는 백천만 억 나유타 겁이 지난 지금까지도 보살로 있느니라."

"또, 헤아릴 수 없는 오랜 아승기 겁 전에 부처님이 계셨으니 명호는 각화정자재왕여래(覺華定自在王如來)라 하셨고 수명은 사백천만억 아승기 겁이었다. 그 부처님의 상법시대(像法時代)[19]에 어떤 바라문의 딸[20]이 있었는데 숙세(宿世)[21]의 복이 두터워 뭇 사람의 공경을 받았으며, 다니고 머물고 앉고 누움에 천신들의 보호를 받았다. 그런데 그녀의 어머니는 사도를 믿고(信邪) 항상 삼보(三寶)[22]를 경시하였느니라."

---

18 해탈 : 佛法의 입장에서는 윤회를 벗어나는 것, 일반적으로는 고통·번뇌에서 벗어나 자유롭게 되는 상태
19 상법시대 : 佛法이 바르게 이행되었던 정법시대가 끝나고 불법의 영향력이 점차 약화되어 가는 시대를 의미. 상법시대 이후의 시대를 말법시대라고 함
20 바라문의 딸 : 원문은 '婆羅門女'
21 숙세 : 과거로부터의 인연, 연분, 숙명
22 3보 : 부처님(佛), 부처님의 가르침(佛法), 불교 승단(僧團)을 의미

"이에 성녀는 널리 방편을 펴서 어머니가 바른 정견(正見)을 갖도록 권선하였지만 그녀의 어머니는 온전한 믿음을 내지 못한 채 오래지 않아 죽어 혼신이 무간지옥에 떨어졌다. 그때 바라문의 딸은 어머니가 생전에 인과를 믿지 않아 업에 따라 틀림없이 악도에 떨어졌을 것으로 믿고 가택을 팔아 향과 꽃, 공양물 등을 널리 고루 갖추어 부처님을 모신 탑사 앞에서[23] 크게 공양을 올렸느니라. 그때 그 절 안에 각화정자재왕여래의 형상이 그려 모셔져 있었는데 그 위용이 단정하였느니라."

"이에 바라문의 딸은 공경하는 마음을 더하여 존안을 우러러 예배드리며 '부처님은 대각(大覺)이시라 모든 지혜를 갖추셨나니, 만약 세상에 계셨더라면 어머니가 돌아가신 뒤에 여쭈어보아 가신 곳을 반드시 알 수 있었을 텐데.'라고 슬피 울면서 오래도록 여래를 우러러 바라보았느니라. 그때 문득 공중에서 '울고 있는 성녀여, 너무 슬퍼하지 마라. 내가 이제 그대의 어머니가 간 곳을 알려주겠다.'라는 소리가 들려왔느니라. 이에 바라문의 딸은 합장하고 공중을 향하여 '어떤 신덕(神德)이신데 저의 근심을 위로하여 주시나이까. 저는 어

---

23 부처님을 모신 탑사 앞에서 : 원문은 '於先佛塔寺'

머니가 돌아가신 뒤 밤낮 생각하였지만 어머니가 다시 태어난 곳을 여쭈어볼 곳이 없었습니다.'라고 하였다. 그때 공중에서 또 '나는 그대가 예배한 과거의 각화정자재왕여래이다. 그대가 어머니를 생각하는 정이 다른 중생들보다 훨씬 크므로 그대에게 알려주는 것이다.'라는 소리가 들려왔다."

"바라문의 딸은 이 소리를 듣고는 몸을 일으켜 몸부림을 치다가 팔다리를 심하게 다쳤지만 좌우에서 부축하고 돌보아 한참 만에 깨어나 공중을 향하여, '바라옵나니 부처님이시여! 저를 불쌍히 여기시어 저의 어머니가 태어난 곳을 어서 말씀하여 주옵소서. 저의 심신은 조만간 죽을 것만 같습니다.'라고 하였다. 그때 각화정자재왕여래께서는 성녀에게 '그대는 공양을 마친 뒤 곧바로 집으로 돌아가 단정히 앉아 나의 명호를 생각하라. 그러면 곧 그대의 어머니가 태어난 곳을 알 수 있게 되리라'고 하셨다."

"이에 바라문의 딸은 부처님께 예불을 드리고 곧 집으로 돌아와 단정히 앉아 어머니를 생각하며 하루 밤낮이 지나도록 각화정자재왕여래를 염불하다 문득 보니 자신이 홀연히 어떤 바닷가에 와 있었다. 물은 펄펄 끓고 있었고 몸이 쇠로 되어있는 많은 흉악한 짐승들이 바다 위를 무리지어 동서로 날아다녔다. 백천 만의 남녀들이 바다 속에 빠져 허우적거리다가 그 험악한 짐승들에게 다투어 잡아 먹히는 것이 보였다. 또한 보니, 손과 눈이 여럿이고 다리와 머리도 여럿이며 입에서는 갈고리와 같이 날카로운 이가 밖으로 튀어나온 야차[24]들이 죄인들을 험악한 짐승들에게 몰아주거나 거칠게 움켜 잡아 발과 머리를 얽는 모양이 만 가지나 되어 차마 볼 수가 없었느니라."

"그때 바라문의 딸은 염불력으로 아무런 두려움이 없었느니라. 거기에는 무독이라는 귀왕이 있었는데 귀왕이 다가와 머리 숙여 성녀를 맞이하면서 '장하십니다, 보살이시여, 어떤 인연으로 이곳에 오셨습니까?'라고 하였다."

"이에 바라문의 딸은 '이곳은 어디입니까?'라고 귀왕에게 물으니"
"무독이 '이곳은 대철위산[25] 서쪽 첫 번째 바다입니다.'라고 대답하였다."

---

24 야차 : 고대 인도신화에 등장하는 악귀의 일종. 이후 佛法에 귀의하여 호법선신(護法善神), 즉 천용팔부의 하나로 신분 전환. 야차는 크게 地夜叉, 天夜叉, 虛空夜叉로 구분. 地夜叉 이외에는 모두 날아다니는 것으로 인식
25 철위산 : 고대인도 및 불교세계관에 따르면 세계의 중앙에는 웅대한 수미산이 있고 이를 8겹의 대양과 9겹의 산맥이 둘러싸고 있음. 이때 가장 외곽지역에 있는 산(맥)을 철위산(쇠로 구성)이라 함(부록8)

"성녀가 '내가 듣기로는 철위산 안에 지옥이 있다는데 사실입니까?'하고 물으니,"

"무독이 '실로 지옥이 있습니다.'라고 대답하였다."

"바라문의 딸이 '제가 어떻게 이 지옥에 오게 되었습니까?' 하고 물으니"

"무독이 '부처님의 위신력이나 업력, 이 두 가지가 아니면 이곳에 이르지 못합니다.'라고 답했다."

"바라문의 딸이 또 '저 물은 어떤 연유로 저렇게 끓어오르며 어찌하여 죄인과 악한 짐승들이 저리도 많습니까.'하고 물으니"

"무독이 '이들은 염부제[26]에서 악업을 지은 중생들로서 죽은 지 49일이 지나도록 죽은 자를 위하여 공덕을 지어 고난에서 건져주는 이가 없거나 살았을 때 선인(善因)을 닦은 일이 없어서 그 본업에 따라 지옥으로 떨어지는 동안에 자연히 이 바다를 먼저 건너게 됩니다. 이 바다 동쪽 십만 유순을 지나면 또 다른 바다가 있는데 그곳의 고통은 이곳의 배가 되며 그 바다 동쪽에 또 다른 바다가 있는

---

26 염부제 : 제3품 각주2, 및 부록9, 참조

데 그곳의 고통은 또 그 배가 됩니다. 이것은 삼업(三業)[27]으로 지은 악업 때문에 받는 것으로써 업의 바다라고 하는데 이곳이 바로 거기입니다.'라고 답했다."

"바라문의 딸이 무독귀왕에게 '그러면 지옥은 어디에 있습니까?' 하고 다시 물으니"

"무독이 '그 세 바다 안이 대지옥이며 그 수가 백천이지만 각기 차별이 있습니다. 대지옥이 열여덟 개, 그 다음이 오백 개, 그 다음이 천백 개이며, 지독한 고통은 한량없습니다.'라고 답했다."

"바라문의 딸이 '제 어머니는 돌아가신 지 오래되지 않았는데 혼신이 어디에 가 있는지 모릅니다.'라고 하자"

"무독이 '보살의 어머니는 생전에 어떤 행업(行業)을 익혔습니까?'라고 물었다."

"바라문의 딸이 '제 어머니는 삿된 소견으로 삼보를 비방하였고 간혹 잠깐 믿다가도 이내 불경한 짓을 저지르곤 했습니다. 돌아가신 지

---

27 삼업 : 몸(身業), 입(口業), 뜻(心業)으로 짓는 업장(천수경 '10악 참회' 참조)

오래되지 않았는데 난 곳을 알 수가 없습니다.'라고 대답했다."

　"무독이 '보살 어머니의 성씨는 무엇입니까?'하고 물으니"

　"바라문의 딸이 '제 부모는 모두 바라문인데 아버지는 시라선견, 어머니는 열제리입니다.'라고 대답하였다."

　"이에 무독은 합장하고 보살에게 '성녀[28]는 근심하거나 슬퍼하지 말고 집으로 돌아가십시오. 열제리 죄녀가 천상에 태어난 지 사흘이 지났습니다. 효순한 자식이 어머니를 위해 공양을 올리고 복을 닦고 각화정자재왕여래의 탑사(塔寺)에 보시한 공덕으로 보살의 어머니는 물론 무간지옥의 죄인들이 그날 모두 천상에 나는 즐거움을 얻게 되었습니다.'라고 대답했다."

　"무독이 말을 마치고 물러가니 바라문의 딸은 꿈결같이 돌아와 이 일을 깨닫고 곧 각화정자재왕여래의 탑상(塔像) 앞에서 큰 서원을 세우기를 '원컨대, 저는 미래 겁이 다하도록 죄고 중생을 위하여 널리 방편을 펴서 그들을 해탈하도록 할 것입니다.'라고 하였다."

28　성녀 : 원문은 '聖者'

부처님께서 문수사리에게 말씀하셨다.

"그때의 무독귀왕[29]은 지금의 재수보살이고 바라문의 딸은 바로
지장보살이니라."

---

29 무독귀왕 : 도명존자와 함께 지장보살을 좌·우에서 협시하는 협시존자(부록10)

✳

제2품	지장보살분신들의 도리천궁 법회 참석
	分身集會品

그때 생각할 수도 논할 수도 헤아릴 수도 말할 수도 없이 많은 백천만억 무량 아승기 지옥계의 지장보살 분신(分身)들이 모두 함께 도리천궁에 모여들었다. 또한 여래의 위신력으로 각 방면에서 해탈을 얻어 업도로부터 벗어난 이들 또한 천만억 나유타에 달하였는데 이들 모두 함께 향과 꽃을 가져와 부처님께 공양 올렸다.

함께 온 이들은[1] 모두 지장보살의 교화로 아누다라삼먁삼보리[2]

---

1 함께 온 이들은 : 원문은 '彼諸同來輩'
2 아뇩다라삼약삼보리 : 완전한 깨달음, 'unsurpassed perfect enlightenment' 로도 번역

에서 영원히 물러나지 않게 되었나니. 이들은 오랜 겁에 걸쳐 생사의 물결에 휩싸여 육도(六道)³를 윤회하며 잠시도 쉴 틈 없이 고통 받다가 지장보살의 넓고 큰 자비와 깊은 서원력에 힘입어 깨달음을 얻어 도리천에 이르게 되었나니, 이들은 넘치는 기쁨으로 여래를 우러러 예배드리며 잠시도 눈을 떼지 않았다.

그때 세존께서 금빛 팔을 펴시어 생각할 수도 논할 수도 헤아릴 수도 말할 수도 없이 많은 백천만억 무량 아승기 세계의 지장보살마하살의 분신들의 이마를 어루만지시며 말씀하셨다.

"나는 오탁악세(五濁惡世)⁴에서 억세고 거친 중생들을 교화하고 그 마음을 조복시켜 삿됨을 버리고 바른 길로 돌아오게 하였으나, 열에 하나나 둘은 여전히 악습이 남아있어 나도 천백억 분신으로 방편을 널리 펴고 있나니. 좋은 근기⁵를 가진 자는 들으면 곧 받아서 믿으며, 선과(善果)가 있는 자는 부지런히 권하면 성취하게 되고, 암둔한 자는 오래 교화해야 겨우 귀의하고, 업이 무거운 자는 공경심

---

3 육도 : 중생은 자신의 업보에 따라 지옥, 아귀, 축생, 아수라, 인간, 천상의 6계를 윤회 전생하는 것으로 설명. 이를 육도 윤회라고 함(부록11).
4 오탁악세 : 불교세계관에 따른 말세 증상의 하나로써 5가지 유형의 타락이 가득한 혼탁한 세계를 오탁악세라고 함(부록12).
5 좋은 근기 : 원문은 '惑有利根'. '利根'에 대한 다양한 번역 존재

을 내지 못하노니. 중생의 무리들은 이처럼 각기 차별이 있어서 분신으로 하여금 제도하고 해탈시키느니라."

"남자나 여인의 몸으로 혹은 천, 용, 귀신의 몸으로, 혹은 산, 숲, 내, 강, 못, 샘, 우물로 나타나서 사람들을 이롭게 하여 제도시키며, 혹은 제석, 범왕, 전륜왕, 거사, 국왕, 재상, 관리, 혹은 비구나 비구니, 혹은 우바새나 우바이6, 혹은 성문, 나한, 벽지불, 보살 등7의 몸을 나타내어 제도하나니 부처의 몸으로만 나타내는 것은 아니니라."

"그대는 내가 오랫동안 저렇게 교화하기 어려운 억세고 거친 죄고 중생들을 제도하여 왔음을 보았으리라. 하지만 아직도 조복(調伏)8 되지 못한 자가 있어 업보에 따라 악도에 떨어져 큰 고통을 받는 것을 보거든, 그대는 내가 도리천궁에서 간곡히 부촉한 것을 기억하여 사바세계에 미륵불9이 오실 때까지 중생들을 모두 해탈시켜

---

6 우바새 및 우바이 : 남성재가신자는 우바새, 여성재가신자는 우바이, 남성출가신자는 비구, 여성출가신자는 비구니
7 보살 등 : 3승에 관한 부분. '부록7' 참조.
8 조복 : 심신을 불법에 따라 조신하게 행동함으로써 악행 등을 제어하고 물리치는 것
9 미륵불 : 세존께서 열반하신 후, 56억 7000만년 뒤에 사바세계에 출현하실 미래 부처님. 석가세존에 의하여 미래불로서의 수기를 받았음. 지금은 도솔천에서 보살의 지위에서 깨달음을 위해 정진 중. 미륵불이 출현하실 때의 사바세계를 '용화세계'라고 함

영원히 모든 고통을 벗어나 부처님의 수기[10]를 받도록 하라."

그때, 모든 세계에서 온 모든 지장보살 분신들이 다시 한 몸으로 돌아가 눈물을 흘리면서 애절하게 부처님께 말씀드렸다.

"저는 구원겁(久遠劫)으로부터 부처님의 불가사의한 위신력에 인도되어 큰 지혜를 갖추었습니다. 제 분신들이 항하의 모래처럼 많은 백천 만억의 세계와 함께하면서 각 세계마다 백천 만억의 분신을 나타내어 각 분신마다 백천만억의 사람을 제도하여 삼보께 귀의토록 하여, 영원히 생사를 여의고 열반락(涅槃樂)[11]에 이르게 하겠습니다. 만약 불법 가운데서 한 터럭, 한 물방울, 모래 한 알, 한 티끌이나 털끝만한 착한 일이라도 한다면 제가 점차 교화하고 제도시켜 큰 이로움을 얻게 하겠습니다."

"세존이시여, 후세의 악업중생에 대하여 심려하지 마시옵소서."

"세존이시여, 후세의 악업중생에 대하여 심려하지 마시옵소서."

"세존이시여, 후세의 악업중생에 대하여 심려하지 마시옵소서."

이와 같이 세 번 부처님께 말씀드리자, 부처님께서 지장보살을 칭

---

10 수기 : 어떤 수행자의 미래의 깨달음과 관련하여 부처님께서 사전에 이를 예언하여 주시는 행위

11 열반 : 범어 'Nirvana' 역어. 불교에서 이상으로 여기는 깨달음의 경지를 의미. 때로는 죽음을 의미하기도 함

찬하셨다.

"장하도다. 장하도다. 내가 그대의 기쁨을 도우리라. 그대는 구원 겁으로부터 세운 큰 서원을 능히 성취하고 널리 중생을 제도한 후에 곧 보리[12]를 증득할 지니라."

---

12 보리 : 범어 'bodhi'의 음사, '완전한 깨달음에 도달한 상태'를 의미. 같은 맥락에서 보살은 'bodhissattva'의 축약어. '위로는 보리를 구하고 아래로는 중생을 구원함'을 추구

✳

제3품   중생의 업연을 일러주심
                                        觀衆生業緣品
_____

그때, 부처님의 어머니 마야부인[1]이 합장 공경하고 지장보살에게

여쭈었다.

"성자시여, 염부제[2]의 중생이 짓는 업의 차별과 그에 따른 과보는

어떠합니까?"

_____

1 마야부인 : 석가세존의 어머니로서 룸비니 동산의 무우수 아래에서 석가를 낳고, 출
   산 후 7일 만에 돌아가심. 사후에 **도솔천에** 환생. 석가세존께서는 어머니를 위하여
   3개월간 도리천에 머무시면서 설법하신 것이 '지장보살본원경'의 주요 내용(부록2,
   20)
2 염부제 : 인도의 전통적 세계관에 따르면 수미산을 중심으로 4방에 4개의 큰 대륙
   (큰 섬)이 존재. 이때 인간 등이 살고 있는 곳이 염부제(Jambudvipa)이며, 이는 수
   미산의 남쪽에 있음(부록8, 9)

지장보살이 대답하셨다.

"천만세계와 모든 국토에는 지옥[3]이 있기도 하고 없기도 하며 여인이 있기도 하고 없기도 하며 불법이 있기도 하고 없기도 하며 성문이나 벽지불도 역시 마찬가지입니다. 이처럼 지옥의 죄보도 일률적이지 않습니다."

마야부인이 거듭 지장보살에게 여쭈었다.

"바라옵건대 염부제에서 지은 죄업으로 악도에서 받게 되는 과보에 대하여 듣고자 합니다."

지장보살이 대답하셨다.

"성모여, 바라옵건대 잘 들으소서. 제가 대강이나마 말씀드리겠습니다."

성모께서 말씀드렸다.

"원컨대 성자께서는 설하여 주십시오."

---

3 지옥 : 불교세계관에 따르면 지옥은 욕계의 최하위층에 속하는 세계. 생전에 큰 죄업을 지은 중생이 염라대왕의 심판에 따라 가게 되는 지독한 고통이 따르는 세계(부록8, 13)

그때 지장보살이 성모께 말씀드렸다.

"남염부제의 죄와 업보를 말씀드리면 이러합니다. 만약 어떤 중생이 부모에게 불효하거나 살해하면 당연히 무간지옥[4]에 떨어져 천만억 겁에도 벗어날 기약이 없습니다. 또, 어떤 중생이 부처님의 몸에 피를 내거나, 삼보를 비방하거나, 경전을 소중하게 여기지 않는다면 역시 무간지옥에 떨어져 천만억 겁에도 벗어날 기약이 없습니다."

"또한 어떤 중생이 절의 재산에 손해를 끼치거나[5], 스님들을 더럽히거나, 사찰 내에서 음욕을 자행하거나, 살생하거나, 해친다면 이러한 무리도 당연히 무간지옥에 떨어져 천만억 겁에도 벗어날 기약이 없습니다."

"만약 어떤 중생이 마음은 사문(沙門)[6]이 아니면서 거짓 사문이 되어 절의 재산을 함부로 쓰거나, 신도를 속이거나, 계율을 위반하는 등의 갖가지 악행을 짓는다면 이러한 무리도 당연히 무간지옥에 떨어져 천만억 겁에도 벗어날 기약이 없습니다. 만약 어떤 중생

---

4 무간지옥 : 욕계의 8대 지옥 중에서 고통이 가장 심한 지옥. 아비지옥이라고도 함. 고통이 일순간도 멈추는 틈이 없이 계속됨(부록8, 13)
5 절의 재산에 손해를 끼침 : 원문은 '侵損常住'
6 사문 : 범어 'Sramana'의 음역. 승려, 출가승, 법사 등

이 절의 재물, 곡식, 음식, 의복을 훔치거나, 단 하나라도 주지 않는 것을 갖는 중생도 당연히 무간지옥에 떨어져 천만억 겁에도 벗어날 기약이 없습니다."

지장보살이 말씀드렸다.
"성모여, 만약 어떤 중생이라도 이러한 죄를 지으면 당연히 오무간지옥(五無間地獄)에 떨어져 잠깐만이라도 그 고통이 멈추기를 원하여도 한순간도 이를 이룰 수가 없습니다.[7]"

마야부인이 거듭 지장보살에게 여쭈었다.
"어떤 곳을 무간지옥이라고 합니까?"

지장보살이 말씀드렸다.
"성모여, 모든 지옥은 대철위산 안에 있는데 대지옥이 열여덟 개가 있고, 그 다음에 오백 개가 있는데 그 이름이 각각 다릅니다. 또 그 다음에 천백 개가 있으며 역시 그 이름이 각각 다릅니다. 무간지옥은 성으로 되어있으며 성의 둘레가 팔만여 리(里)이고 쇠로 둘려

---

7 한 순간도 이를 이룰 수 없다 : 원문은 '一念不得'

싸여 있으며 높이는 일만 리이고, 성 위에는 불무더기가 빈틈없이 타오르고 있습니다. 그 성의 안에는 다른 지옥들이 서로 모두 이어져있으며, 그 이름 역시 각각 다릅니다."

"그중에서도 특별히 한 지옥이 있으니 그 이름이 무간(無間)이며 그 옥의 둘레는 일만팔천 리이고 옥 담장의 높이는 일천 리이며 쇠로 둘러싸여 있습니다. 위의 불은 밑으로 타 내려오고 밑의 불은 위로 치솟으며 쇠뱀과 쇠개가 불을 뿜으면서 담장 위를 동서로 쫓아다닙니다."

"그 지옥의 안에는 넓이가 일만 리나 되는 평상이 있습니다. 그곳은 한 사람이 죄를 받아도 그 몸이 그 평상 위에 가득 차고, 천만 인이 죄를 받아도 각자의 몸이 역시 평상 위에 각각 가득 차는 것을 보게 되니, 이것은 중생 스스로의 업에 따라 받는 과보의 느낌 때문입니다."

"또, 죄인들은 온갖 고통을 두루 다 받습니다. 그곳에는 이빨은 칼날과 같고 눈빛은 번개와 같으며 손에는 구리 손톱이 달린 천백의 야차와 악귀[8]들이 죄인을 끌고 다니며 창자를 꺼내어 끊기도 하고, 어떤 야차는 큰 쇠창으로 죄인을 찌르는데 입과 코를 찌르고 배와 등을 꿰뚫어 공중에 던졌다가 도로 받아서 평상 위에 놓기도 합니다. 또, 쇠독수리는 죄인의 눈을 쪼고, 쇠뱀은 죄인의 목을 감아 죄며, 온 몸 마디마디에 긴 못을 내려 박고, 혀를 뽑아서 쟁기의 보습[9]으로 갈며, 창자를 꺼내어 끊고, 뜨거운 구리 쇳물을 입에 부으며 뜨거운 철사로 몸을 감는 등, 만 번 죽였다가 만 번 살렸다가 합니다. 업으로 받는 것이 이와 같지만 억 겁을 지내도 벗어날 기약이 없습니다."

"그러다가 이 세계가 무너지면 다른 세계로 옮겨가서 나고, 그 세계가 무너지면 또 다른 세계로 옮겨가고, 또 다른 세계로 옮겨가고 하다가 이 세계가 다시 이루어지면 다시 돌아옵니다.[10] 무간지옥의 죄보는 이러합니다."

"또, 업을 느끼는 것이 다섯 가지인데 이를 일러 오무간(五無間)이

---

8 야차와 악귀 : 야차는 제1품 각주20 참조. 한편 악귀는 인간에게 해악을 퍼뜨리는 귀신을 총칭하는 의미로 사용
9 쟁기의 보습 : 원문은 '拔舌耕犁'. '혀를 뽑아서 쟁기로 간다'는 번역 등이 다수
10 돌아온다. : 사바세계의 생성 · 소멸의 과정과 연계된 인식체계로 이해

라고 합니다."

"첫째, 억겁에 걸쳐 밤낮으로 죄보를 받는데 한순간도 끊어지지 않기에 무간이라 하고

둘째, 한 사람만으로도 가득 차고 많은 사람이 있어도 각기 가득 차기에 무간이라 하며

셋째, 몽둥이, 독수리, 뱀, 이리, 개, 맷돌, 톱, 도끼, 가마에 끓는 물, 철망, 철사, 쇠 마귀, 쇠 말 따위의 형벌기구가 있으며 생가죽으로 목을 조르고 뜨거운 쇳물을 몸에 부으며 주리면 쇠구슬을 삼키게 하고 목마르면 쇳물을 마시게 하면서 해를 넘기고 겁을 보내는데 그 수가 한량없는 겁에 이르러도 고통이 끊어지지 않기에 무간이라 하며

넷째, 남자, 여인, 오랑캐, 늙은이, 어린이, 귀한 이, 천한 이, 용, 신, 천인, 귀신을 불문하고 죄업에 따라 받는 것이 모두 같기에 무간이라 하며

다섯째, 만약 이 지옥에 떨어지면 처음 떨어질 때부터 백천 겁에 이를 때까지 주야로 매일 만 번 죽었다가 만 번 살았다가 하며 한순간도 멈추지 않으며 업이 다해 새로운 생을 받아야만 비로소 벗

어나게 되나니, 이처럼 고통이 끊임없이 이어지기에[11] 무간이라 하는 것입니다."

지장보살이 성모께 말씀드렸다.

"무간지옥에 대해 대강 말씀드린 것이 이러하오니, 만약 지옥의 형벌기구 등의 이름과 모든 고통을 말씀드리자면 한 겁 동안을 말씀드려도 다 할 수가 없을 것입니다."

마야부인은 이 말을 듣고는 근심 깊은 얼굴로 합장 정례하고 물러가셨다.

---

11 끊임없이 이어지기에 : 원문은 '以此連綿'

제4품
염부중생의 업보를 말씀하심
閻浮衆生業感品

그때 지장보살마하살이 부처님께 말씀드렸다.

"세존이시여, 저는 여래의 위신력을 받았기 때문에 백천만억의
세계에 두루 이 몸을 나타내어 모든 업보 중생을 구원하고 있습니
다. 만약, 여래의 큰 자비의 힘이 아니시라면 이러한 변화를 이룰 수
없을 것입니다. 이제 또 부처님의 부촉하심을 받들어 아일다(阿逸多)[1]
께서 성불하실 때까지 육도 중생을 해탈시키겠사오니 원컨대 세존
이시여, 염려하지 마옵소서."

---

1 아일다 : 미륵보살의 별칭. 석가세존에 의하여 사바세계의 미래 부처님으로 수기를
   받은 보살. 현재는 도솔천에서 수행 중임

그때 부처님께서 지장보살에게 말씀하셨다.

"모든 중생이 해탈하지 못하는 것은 성정(性情)과 의식으로 정해져 있는 것이 아니라, 악습으로 업을 짓고 선습으로 과(果)를 맺기 때문이다.[2] 따라서 선과 악을 지으면서 경계에 따라 오도(五道)[3]를 윤회하며 태어나기를 잠시도 쉬지 못한다. 티끌 수와 같이 많은 겁이 흘러도 장애와 액난의 미혹에 빠져 있는 것이, 마치 물고기가 그물 안에 있으면서 흐르는 물속에 있는 줄로 아는 것과 같이 장애와 액난의 그물에서 벗어났다가 또다시 걸리고 만다. 내가 이러한 무리들을 안타까워하였는데 그대가 이미 과거 여러 겁에 걸쳐 거듭 서원을 세워 죄 많은 무리들을 널리 제도하겠다고 하니 내가 다시 무엇을 걱정하겠느냐."

이 말씀을 하실 때, 법회에 참석하였던 정자재왕보살(定自在王菩薩)이 부처님께 말씀드렸다.

"세존이시여, 지장보살은 오랜 겁에 걸쳐 어떠한 서원을 세워왔기에 지금 이토록 세존의 은근하신 찬탄을 받게 되었나이까? 원하옵

---

2 선습으로 과를 맺기 : 원문은 '惡習結業 善習結果'
3 5도 : 욕계의 지옥, 아귀, 축생, 인간, 천상을 의미. 여기에 아수라를 포함하여 일반적으로 욕계의 6도라고 함

나니, 세존께서 간략히 말씀하여 주옵소서."

그때, 세존께서 정자재왕보살에게 말씀하셨다.

"잘 듣고 잘 생각하라. 내가 그대를 위하여 분별하여 설명하리니. 과거 한량없는 아승기 나유타의 말할 수도 없는 오랜 겁 전에 부처님이 계셨으니, 명호는 일체지성취여래·응공·정변지·명행족·선서·세간해·무상사·조어장부·천인사·불세존[4]이셨고 그 부처님의 수명은 육만 겁이었다. 그 부처님께서 출가하시기 전에는 작은 나라의 왕으로서 이웃 나라의 왕과 벗이 되어 함께 열 가지 선업(十善業)[5]을 행하여 중생을 이롭게 하였다. 그런데, 이웃 나라의 백성들이 여러 가지 악을 많이 지으므로 두 왕이 의논하여 널리 방편을 베풀었느니라."

"그때, 한 왕은 '어서 불도를 이루어 널리 이 무리들을 제도하여 남음이 없게 하리'라고 발원하였고, 다른 왕은 '만약, 이 죄고 중생들을 먼저 제도하여 그들이 안락을 얻고 보리를 이루게 하지 못하면 나는 언제까지나 성불하기를 바라지 않으리.'라고 발원하였다."

---

4 불세존 : 부처님의 10가지 명호의 중의 하나. 이를 '여래10호'(如來十號)라고 함(부록3)
5 10선업 : 불교세계관에 따르면 인간은 몸으로 3종류, 입으로 4종류, 마음으로 3종류, 도합 10종류의 큰 과업을 짓는 것으로 설명. 이를 10악업이라 하며 이것으로부터 구원 받는 방편으로 10선업법을 제언(10선업도경, 참조)

부처님께서 정자재왕보살에게 말씀하셨다.

"속히 성불하기를 발원한 왕은 곧 일체지성취여래(一切智成就如來)이시고, 죄고 중생들이 모두 제도되지 않으면 언제까지나 성불하지 않으리라고 발원한 왕이 지장보살이시다."

"또한 과거 한량없는 아승기 겁 전에 부처님께서 세상에 출현하셨으니 명호는 청정연화목여래(淸淨蓮花目如來)이셨고 그 수명은 사십 겁이었다. 그 부처님의 상법시대에 한 나한(羅漢)[6]이 있어 복덕으로 중생을 제도하였으며, 차례로 교화하다가 어떤 여인을 만나니 이름이 광목(光目)이었는데 음식을 공양 올렸느니라."

"이에 나한이 '소원이 무엇인지'를 물어보니,"

"광목이 '어머니가 돌아가신 날에 복을 지어 어머니를 제도하여 드리고자 하나, 아직 어머니가 다시 나신 곳을 알지 못합니다.'라고 대답했다."

---

6 나한 : 아라한의 약칭으로서 최고위의 수행에 도달한 성자를 지칭. 대표적으로 '16 나한'이 있음(부록14)

"나한이 이를 가엾이 여겨 선정에 들어 살펴보니 광목의 어머니가 악도에 떨어져 큰 고통을 받는 것이 보였다."

"나한이 광목에게 '그대의 어머니는 지금 악도에서 아주 큰 고통을 받고 있는데 생전에 어떠한 행업을 지었소?'라고 하니"

"광목이 '저의 어머니는 물고기와 자라 같은 것을 즐겨 드셨는데 그 죽은 생명의 수는 아마 천만의 여러 배가 될 것입니다. 존자께서는 가엾이 여기셔서 어떻게든지 구원하여 주옵소서.'라고 하였다."

"나한이 이를 가엾이 여겨 방편을 지어 광목에게"

" '그대는 지극한 정성으로 청정연화목여래를 생각하고 그 여래의 형상을 조성하거나 탱화로 그려서 모시면[7] 산 사람도 죽은 사람도 모두 좋은 과보를 얻을 것이오.'라고 권했다."

"광목은 이 말을 듣고는 곧 아끼던 재물을 팔아 청정연화목여래

---

7   탱화로 그려서 모시면 : 원문은 '塑畵形像'

의 형상을 그려 모시고 공양을 올리며 공경하는 마음으로 슬피 울며 우러러 예배를 드렸다. 그러다 문득 새벽꿈에 부처님을 뵙는데 금빛으로 찬란하기 수미산과 같았고 큰 광명을 내시며 광목에게 '그대의 어머니는 머지않아 그대의 집에서 태어날 것이다. 그리고 배고프고 추운 것을 느낄 만하면 곧 말을 하게 될 것이다.'라고 하셨다."

"그 뒤 집안의 여종이 자식을 낳았는데 사흘도 되지 않아 머리 숙여 슬피 울며 광목에게 말했다. '생사의 업연과 과보는 스스로 받게 마련이라, 나는 그대의 어머니였으며 어둠 속에 오랫동안 있었습니다. 그대와 헤어진 뒤, 수차례 큰 지옥에 떨어졌다가 이제야 그대의 복력을 입어 생을 받았지만 하천한 사람이 되었습니다. 나아가 단명하여 열세 살이 되면 다시 악도에 떨어질 것입니다. 그대는 이와 같은 업보에서 벗어나게 할 무슨 방법을 갖고 계신지요?'하고 물었다."

"광목은 이 말을 듣자 자신의 어머니임을 의심하지 않고 목이 메어 슬피 울면서 그 종의 자식에게 '우리 어머니가 맞는다면 원래 지은 죄업을 알 것입니다. 어떤 행업을 지었기에 악도에 떨어졌습니까?'하고 물었다."

"종의 자식은 '살생과 불법을 헐뜯고 욕한 이 두 가지 업으로 과보를 받았는데, 그대가 복을 지어 나를 구제하여 주지 않았다면 이 업에서 도저히 벗어날 수가 없었을 것입니다.'라고 대답했다."

"광목이 '지옥에서 받은 죄보는 어떠하였습니까?'하고 물으니
종의 자식은 '죄의 고통은 백천 년을 두고 말해도 다 말할 수 없습니다.'라고 대답했다."

"광목은 이 말을 듣고는 더욱 슬피 울면서 하늘을 우러러"
"'원하옵나니 저의 어머니를 지옥에서 영원히 벗어나게 하여 주옵소서. 열세 살을 마치고 나서도 다시는 중죄도 없고 악도에 빠지지도 않게 하여 주옵소서. 시방의 모든 부처님이시여, 저를 가엾게 여기시어 제가 어머니를 위하여 발원하는 저의 이 광대한 서원을 들어 주옵소서. 만약 어머니가 삼악도[8]와 하천한 여인의 신분을 영원히 여의고 영겁토록 그러한 업보를 다시 받지 않는다면, 저는 오늘 청정연화목여래의 형상 앞에서 앞으로 백천만억 겁 동안 온 세계의 모든 지옥과 삼악도의 죄고 중생들을 모두 구원하여 지옥, 축

----

8 삼악도 : 욕계의 6도 중에서 하위그룹에 속하는 지옥, 아귀, 축생계를 의미(부록 11).

생, 아귀 등의 악도를 여의게 할 것이며, 이와 같은 죄보 중생들을 모두 성불시킨 후에야 정각을 이루겠습니다.'라고 말했다."

"이렇게 서원을 말씀드리자 청정연화목여래의 말씀이 들려왔다."

"광목아, 그대는 큰 자비로 어머니를 위해 큰 원을 세웠구나. 내가 그대의 어머니를 살펴보니 그 공덕으로 열세 살이 지나면 지금의 업보를 벗고 바라문[9]으로 태어나서 백 살까지 살 것이며, 그 업보가 지난 뒤에는 무우국토(無憂國土)[10]에 태어나서 헤아릴 수 없는 겁을 살다가, 나중에는 불과를 성취하여 널리 항하의 모래알처럼 많은 인간과 하늘을 제도할 것이다.'라고 일러 주셨다."

부처님께서 정자재왕보살에게 말씀하셨다.

"그때 광목으로 하여금 복을 짓게 한 나한은 무진의보살(無盡意菩薩)이고 광목의 어머니는 해탈보살(解脫菩薩)이며 광목이란 여인은 지장보살이니라. 이처럼 지장보살은 과거 오랜 구원겁 동안에 이와 같은 자비로 항하의 모래알처럼 많은 원을 세우고 널리 중생을 제도하여 왔느니라."

9　바라문 : 원문은 '梵志'
10　무우국토 : 근심 걱정 등이 없는 세계. 'pure land'로 번역하기도 함.

"미래세에 남자나 여자 중에서 선행을 하지 않는 자, 악행을 하는 자, 인과를 믿지 않는 자, 사음과 거짓말을 하는 자, 이간질과 나쁜 말을 하는 자, 대승을 비방하는 자와 같은 모든 죄업 중생들은 반드시 악도에 떨어질 것이지만, 만약 선지식[11](善知識)을 만나 그의 권유로 손가락을 한 번 튕길 동안만이라도 지장보살에게 귀의한다면 이 모든 중생들은 즉시 삼악도의 죄보에서 벗어나게 되리라."

"또한 만약 지극한 마음으로 귀의하여 예배 찬탄하며 향, 꽃, 의복 등 갖가지 진귀한 보물이나 음식으로 공양을 올리는 자는 미래의 백천만 겁 동안에 항상 하늘에서 승묘한 즐거움을 받게 되며 만약 천복이 다하여 인간으로 내려오더라도 백천 겁 동안 항상 제왕(帝王)이 되어 숙명과 인과의 본말을 알게 되리라."

"정자재왕보살이여, 지장보살은 이와 같이 불가사의한 큰 위신력이 있어서 널리 중생을 이롭게 하나니 모든 보살들은 마땅히 이 경을 기록하여서 널리 유포해야 하느니라."

---

11   선지식 : 佛法 및 깨달음의 길로 중생들을 올바로 인도하는 스님과 같은 덕 높은 사람을 지칭

정자재왕보살이 부처님께

"세존이시여, 염려하지 마시옵소서. 저희 천만억 보살마하살[12]은 반드시 부처님의 위신력을 받들어 널리 이 경을 펴서 염부제 중생을 이롭게 하겠습니다."라고 말씀드린 후 공경스런 마음으로 합장하고 절하며 물러갔다.

그때, 사천왕[13](四天王)이 함께 자리에서 일어나 합장하고 공경스럽게 부처님께 말씀드렸다.

"세존이시여, 지장보살은 구원겁에 걸쳐 이와 같은 큰 서원을 세워왔는데 어찌하여 지금까지도 중생 제도를 다 이루지 못하고, 또다시 광대한 서원을 세워야 하나이까? 원컨대, 세존께서는 저희들을 위하여 말씀하여 주옵소서."

부처님께서 사천왕에게 말씀하셨다.

"장하도다. 장하도다. 내 이제 그대들과 현재와 미래의 천신과 인

---

12 보살마하살 : 'Bodhisattva Mahasattva'의 음역. 위대한 깨달음을 추구하는 보살. 즉 上求菩提下化衆生을 추구함
13 사천왕 : 욕계의 6欲天 중의 최하위층에 속하는 천신. 사천왕은 다시 지국천, 증장천, 광목천, 다문천(비사문천)으로 재구분(부록1, 8, 15)

간들에게 널리 이익을 주기 위해 사바세계 염부제의 생사의 길에서 지장보살이 모든 죄고 중생을 자애(慈愛)로써 이들을 구원하여 해탈 시키는 방편에 대하여 말하겠노라."

사천왕이 말씀드렸다.

"세존이시여, 기쁘게 듣고자 하나이다."

부처님께서 사천왕에게 말씀하셨다.

"지장보살은 오랜 구원겁으로부터 지금에 이르기까지 중생을 제 도하여왔지만 아직도 서원을 다 이루지 못하고, 또 거듭 서원을 세 우는 것은 미래의 한량없는 겁으로 중생의 업연이 이어져 끊이지 않음을 살펴보았기 때문이니라. 이에, 지장보살은 사바세계 염부제 안에서 백천만억 방편[14]을 펴서 널리 중생들을 교화 제도하는 것이 니라."

"사천왕이여, 지장보살은 살생하는 자를 만나면 그 재앙으로 단 명하게 되는 업보를 말해주고, 도둑질하는 자를 만나면 빈궁의 고 초를 겪는 업보를 말해주며, 사음하는 자를 만나면 참새, 비둘기,

---

14 방편 : 범어 'upaya'의 음역. 중생을 진실(깨달음)의 장으로 인도하기 위해 편의상 사용하는 佛法에 의거한 선한 수단을 의미

원앙의 업보를 말해주고"

"악담하는 자를 만나면 권속과 다투는 업보를 말해주며, 남을 헐뜯는 자를 만나면 혀가 없거나 구창보를 앓는 업보를 말해주고"

"화를 내는 자를 만나면 얼굴이 추악하게 찌그러지는 업보를 말해주며, 탐욕하거나 인색한 자를 만나면 구하는 바가 뜻대로 안 되는 업보를 말해주고, 먹고 마심에 무도(無度)한 자를 만나면 굶주리고 목말라서 목에 병이 나는 업보를 말해주며"

"함부로 사냥하는 자를 만나면 놀라고 미쳐서 목숨을 잃는 업보를 말해주고, 부모의 뜻을 어기고 거역하는 자를 만나면 천재지변으로 죽는 업보를 말해주며, 산이나 숲에 불을 지르는 자를 만나면 미쳐 헤매다가 죽는 업보를 말해주고, 의붓자식15을 학대하는 자를 만나면 내생에 바뀌어서 똑같이 학대 받는 업보를 말해주며, 그물로 날짐승을 잡은 자를 만나면 가족들이 흩어지고 이별하는 업보를 말해주고"

---

15 의붓자식 : 원문은 '前後父母'. '전부모와 후부모', '부모 등'으로 다양한 번역. 여기
    서는 '의붓자식'(stepchildren)으로(The Sutra of Bodhisattva Ksitigarbha's
    Fundamental Vows, YMBA. : http://www.ymba.org. 참조).

"삼보를 헐뜯고 비방하는 자를 만나면 눈멀고 귀먹고 벙어리 되는 업보를 말해주며, 불법을 경시하고 불교를 업신여기는 자를 만나면 영원히 악도에 떨어지는 업보를 말해주고, 사찰의 물건을 파괴하거나 함부로 쓰는 자를 만나면 억겁 동안 지옥에서 윤회하는 업보를 말해주며, 스님들의 청정한 행을 더럽히거나 속이는 자를 만나면 축생이 되는 업보를 말해주고"

"끓는 물, 불, 흉기로 남을 해치거나 다치게 하는 자를 만나면 윤회하면서 서로 갚게 되는 업보를 말해주며, 계율을 파하고 재(齋)[16]를 범하는 자를 만나면 짐승이나 새가 되어 굶주리는 업보를 말해주고"

"재물을 옳지 않게 쓰는 자를 만나면 구하는 바가 막히고 더 이상 생기지 않는 업보를 말해주며, 아만심이 높은 자를 만나면 하천한 종이 되는 업보를 말해주고, 이간질로 서로 다투게 하는 자를 만나면 혀가 없거나 많은 업보를 말해주며, 소견이 그릇된 자를 만나면 야만족으로 태어나는 업보를 말해준다."

---

16   재 : 재에 대해서는 '7품 각주'. 참조

"이는 염부제 중생이 몸과 입과 뜻(마음)으로 짓는 악습의 결과로 받는 백천 가지의 업보 가운데 일부만 말한 것이다. 염부제 중생들이 지은 죄업에 따른 이러한 업보의 차별 때문에, 지장보살이 백천 가지 방편으로 교화하지만, 중생들은 먼저 지은 업보로 지옥에 떨어져 여러 겁이 지나도록 벗어날 기약이 없도다."[17]

"그러므로 그대들은 사람들을 보호하고 나라를 지키며 지장보살을 도와서 중생들이 여러 가지 업보로 인하여 미혹에 빠지는 일이 없도록 하라."

사천왕이 듣고는 슬피 눈물을 흘리며 탄식하며 합장하고 물러갔다.

---

17   선악의 인과관계를 설명한 것으로 봄 : 이와 관련하여 '佛說善惡因果經'을 추천

제5품　　　지옥의 명칭과 고통을 일러주심
地獄名號品

　그때, 보현보살마하살(普賢菩薩摩訶薩)이 지장보살에게 말씀드렸다.

　"어진 분이시여, 천룡팔부와 현재와 미래의 모든 중생을 위하여 사바세계 염부제의 죄고 중생들이 업보로 받게 되는 지옥의 이름과 그 괴로운 과보[1]를 말씀하시어 미래세의 말법 중생들로 하여금 이와 같은 과보를 알게 하여 주옵소서."

　지장보살이 대답하셨다.

　"어진 분이시여, 제가 이제 부처님의 위신력과 보현보살의 힘을

1　지옥의 이름과 그 과보 : 제3품 각주3, 4 및 부록8, 13. 참조

받아 지옥의 이름과 죄보에 대해 간략히 말씀드리겠습니다."

"어진 분이시여, 염부제의 동쪽에는 철위산²이 있습니다. 이 산은 어둡고 깊어서 해와 달의 빛이 닿지 못합니다. 거기에는 대지옥이 있으니 이름은 극무간입니다. 또 지옥이 있으니 대아비지옥, 사각지옥이 있으며 또 비도지옥, 화전지옥, 협산지옥, 통창지옥, 철거지옥, 철상지옥, 철우지옥, 철의지옥, 천인지옥, 철려지옥, 양동지옥, 포주지옥, 유화지옥, 경설지옥, 좌수지옥, 소각지옥, 담안지옥, 철환지옥, 쟁론지옥, 철수지옥, 다진지옥 등이 있습니다."

지장보살이 말씀하셨다.

"어진 분이시여, 철위산에는 이와 같은 지옥이 수없이 많습니다. 또 규환지옥, 발설지옥, 분뇨지옥, 동쇄지옥, 화상(火象)지옥³, 화구지옥, 화마지옥, 화우지옥, 화산지옥, 화석지옥, 화상(火床)지옥⁴, 화량(火梁)지옥, 화응지옥, 거아지옥, 박피지옥, 음혈지옥, 소수지옥, 소각지옥, 도자지옥, 화옥지옥, 철옥지옥, 화랑지옥(火狼)지옥⁵ 등이 있습

2 철위산 : 제1품 각주21, 부록8 참조
3 화상(火象)지옥 : 음욕을 가까이 하는 스님이나, 사찰을 오염시키고 불상을 훼손시키는 자들이 가는 지옥
4 화상(火床)지옥 : 불 상자 속에서 고통 받는 지옥
5 화랑(낭)지옥 : 이리떼들이 불을 뿜으면서 괴롭히는 지옥

니다."[6]

"이와 같은 지옥 안에는 또 여러 작은 지옥들이 제각각 있으며 그 수 역시 하나나 둘, 셋, 넷, 백이나 천개에 이르며 이름 역시 각각 다릅니다."

지장보살이 보현보살에게 말씀하셨다.

"어진 분이시여, 이 모든 지옥은 염부제에서 악을 행한 중생들이 업에 따라 과보를 받는 곳입니다. 업력이란 너무나 엄청나서 수미산[7]에 대적하고 큰 바다보다도 깊어서 성스러운 깨달음의 길을 막습니다. 그러므로 중생들은 비록 작은 악이라도 가벼이 여겨, 죄가 없다고 하지 말아야 할 것입니다. 털끝만한 것도 업보가 있어서 죽은 뒤에는 모두 받아야만 하며 어버이와 자식같이 지극히 가까운 사이라도 가는 길이 달라서 서로 만나더라도 그 업보를 대신 받지 못합니다. 제가 이제 부처님의 위신력을 이어받아 지옥에서 죄로 고통 받는 것을 간략히 말씀드리오니 어진 분께서는 들어 주시기 바랍니다."

---

6 한자를 한글로 옮김에 있어서 발음은 같지만 뜻이 다른 경우 다수. 예. 화상지옥, 화랑지옥 등. 각 지옥의 성격에 대해서는 추후에 이를 살펴볼 예정
7 수미산 : 범어 'Sumeru'의 음역. 고대 인도의 세계관에 따르면 세계의 중심부에 높이 솟아 있는 성스러운 거대한 산. 이 산의 정상을 도리천이라 하며 이곳을 넘어서면 새로운 31천계(天界)가 펼쳐지는 것으로 설명(부록8. 참조)

보현보살이 대답하셨다.

"저는 이미 오래 전부터 삼악도의 죄보를 알고 있지만 어진 분의 말씀을 바라는 이유는 후세 말법시대의 죄 많은 모든 중생들로 하여금 어진 분의 말씀을 듣고 부처님께 귀의토록 하려는 것입니다."

지장보살이 말씀하셨다.

"어진 분이시여, 지옥에서 받는 죄보는 이러합니다."

"어떤 지옥은 죄인의 혀를 뽑아서 소로 밭 갈 듯이 하고, 어떤 지옥은 죄인의 심장을 꺼내어 야차[8]가 먹으며, 어떤 지옥은 가마의 끓는 물로 죄인의 몸을 삶고, 어떤 지옥은 죄인으로 하여금 벌겋게 달궈진 구리기둥을 안게 하며, 어떤 지옥은 맹렬한 불길이 죄인을 덮치며, 어떤 지옥은 온통 차가운 얼음뿐이며, 어떤 지옥은 한없는 똥 오줌뿐이며, 어떤 지옥은 빈틈없이 화살이 날아들며, 어떤 지옥은 불창으로 찌르며, 어떤 지옥은 몽둥이로 가슴과 등을 내려치며, 어떤 지옥은 손발을 태우며, 어떤 지옥은 쇠뱀이 몸을 감으며, 어떤 지옥은 무쇠개에게 물려 쫓기며, 어떤 지옥은 무쇠나귀에게 끌려

---

8 야차 : 제1품 각주20, 참조

다닙니다."

"어진 분이시여, 이러한 업보를 받는 옥마다 백천 가지의 형구가
있는데 그것이 모두 구리요, 쇠요, 돌이요, 불입니다. 이들 네 가지
는 중생들이 지은 업으로 받게 되는 인과응보입니다[9]. 지옥의 죄보
에 대한 일들을 자세히 말씀드린다면 옥마다 백천 가지의 고초가
있는데 어떻게 그 많은 지옥을 말로 다 할 수 있겠습니까?"

"제가 이제 부처님의 위신력과 어진 분의 물음을 받들어 대강 말
한 것이 이와 같지만 만약 자세히 말씀드리자면 겁이 다해도 끝이
없을 것입니다."

---

9 업으로 받게 되는 인과응보 : 원문은 '衆業行感'

✳
제6품
여래께서 지장보살을 찬탄하심
如來讚歎品

그때, 세존께서 온몸으로 거대한 광명을 일으켜 백천만억 항하의 모래알처럼 많은 부처님의 세계를 두루 비추시고는 큰 음성을 내시어 모든 부처님 세계의 모든 보살마하살과 하늘, 용, 귀신, 인간, 비인(非人)[1] 등에게 말씀하셨다. "내가 오늘 지장보살마하살이 시방세계에서 불가사의한 위신력과 자비의 큰 힘으로 중생들을 온갖 괴로움으로부터 구원하는 일에 대하여 더 높이 찬탄하리니, 잘 듣고 내가 멸도한 뒤에도 그대들 모든 보살마하살과 하늘, 용, 귀신들은 널리 방편을 펴서 이 경을 보호하고 모든 중생으로 하여금 열반

---

1 비인 : 외모는 인간과 비슷하지만 실제적으로는 인간이 아닌 존재, 예 귀신 등

의 즐거움을 얻게 하라."

이와 같은 말씀을 하실 때, 법회 중에 있던 보광보살(普廣菩薩)이 합장 공경하고 부처님께 사뢰었다. "지금 세존께서 지장보살의 불가사의한 큰 위신력을 칭찬하시는 것을 보았습니다. 원하옵건대 세존이시여, 미래 말법시대의 중생들을 위하여 지장보살이 인간과 천상에 이익을 주는 인과(因果)에 대하여 말씀하여 주옵소서. 그리하여 모든 천룡팔부와 미래세 중생들로 하여금 부처님의 말씀을 받들게 할지어다."

그때, 세존께서는 보광보살과 사부대중에게 말씀하셨다.

"잘 듣고 잘 들으라. 내가 지금 그대들을 위하여 지장보살이 인간과 천인을 이롭게 하는 복덕에 대하여 간략히 말할지니라."

보광보살이 사뢰었다.

"세존이시여, 즐거이 듣겠나이다."

부처님께서 보광보살에게 말씀하셨다.

"미래세에 선남자 선여인이 지장보살마하살의 이름은 듣는 자, 합장하는 자, 찬탄하는 자, 예배하는 자, 사모하는 자 등은 삼십 겁의 죄를 벗어날 것이다."

"보광보살이여, 선남자 선여인이 지장보살의 형상을 그림으로 그려서 색을 칠하거나[2] 흙, 돌, 아교, 옻, 금, 은, 구리, 철 등으로 지장보살의 형상을 조성하여 한 번이라도 우러러 예배드리는 자는 백 번을 거듭 33天[3]에 태어나, 오래토록 악도에 떨어지지 않을 것이다. 만약 천상의 복이 다하여 인간으로 태어나더라도 국왕이 되는 등의 큰 이로움을 잃지 않을 것이다."

　　"어느 여인이 여자의 몸을 싫어한다면, 정성을 다하여 지장보살의 형상을 그리거나 토석, 옻칠, 구리, 철 등으로 형상을 조성하여 정성을 다하여 공양하기를 날마다 게을리 하지 않고 항상 꽃, 향, 음식, 의복, 비단, 깃발, 돈, 보물 등으로 공양을 올리면, 이 여인은 여인의 몸을 마친 뒤에는 백천만 겁에 여인의 세계에 태어나지도 않을 것인데, 어찌 여자 몸을 받겠는가? 다만 자비원력으로 중생을 제도하기 위해 스스로 여자 몸을 받는 경우를 제외하고는 지장보살에게 공양한 힘과 그 공덕으로 백천만 겁토록 다시는 여자 몸을 받지 않을 것이다."

2　색을 칠하거나 : 원문은 '彩畫'
3　33天 : 도리천의 또 다른 이름(부록1, 8, 9 참조).

"또한 보광보살이여, 어느 여인이 추하고 병이 많은 자신의 모습을 싫어하여 지장보살의 형상 앞에서 밥 한 끼 먹는 동안만이라도 지극한 마음으로 우러러 예배드리면 이 사람은 천만 겁 동안 원만한 몸으로 태어나며 모든 질병이 없을 것이다. 그리고 이 여인이 만약 여자 몸을 싫어하지 않는다면 백천만 겁 동안 항상 공주나 왕비 또는 재상이나 대장자의 딸⁴로서 단정하게 태어나며 모든 모습이 원만하리니. 지극한 마음으로 지장보살을 우러러 예배한 공덕으로 이와 같은 복을 받는 것이니라."

"또한 보광보살이여, 어느 선남자 선여인이 지장보살의 형상 앞에서 여러 가지 악기로 연주하고 노래하며 찬탄하거나, 향과 꽃으로 공양 올리거나, 이와 같은 일을 한(一人) 사람이나 많은 (多人) 사람에게 권선하면 현세나 미래세에 항상 백천의 여러 신들이 밤낮으로 보호하여서 나쁜 일은 귀에 들리지도 않을진대, 어찌 횡액을 당하는 일이 있겠는가."

"또한 보광보살이여, 미래세에 악인, 악신, 악귀가 선남자 선여인이 지장보살의 형상에 귀의하여 공양, 찬탄, 예배하는 것을 보고 망

---

4 대장자의 딸 : 원문은 '宰輔大姓 大長者女'

령되이 꾸짖고 헐뜯으면서 공덕도 이익도 없는 것이라고 비방하거나 이빨을 드러내어 비웃거나 음해하거나 다른 사람에게 권하여 함께 비방하거나 혼자 또는 여럿이서 비방하거나 또는 한 생각만이라도 훼방하는 마음을 낸다면, 이와 같은 무리[5]는 현겁의 천 분의 부처님이 멸도하신 뒤까지도 훼방한 업보로 아비지옥에 빠져 극중한 과보를 받을 것이며, 이 겁이 지나서야 겨우 아귀의 과보를 받게 되며 다시 천겁이 지나야 축생의 과보를 받게 되고, 또 천겁이 지나야 비로소 인간의 몸을 받게 된다. 인간의 몸을 받더라도 빈궁하고 하천하며 온전한 육근을 갖추지 못하고 많은 악업이 그 몸에 와서 맺혀 또 다시 악도에 떨어진다."

"보광보살이여, 다른 사람이 공양하는 것을 비난하고 헐뜯기만 하여도 이러한 과보를 받거늘 하물며 일부러 악한 마음을 내어서 직접 헐뜯으면 어떠하겠는가?"

"또한 보광보살이여, 미래세에 남자나 여자가 오랫동안 병상에 누워 살려고 하여도 죽으려고 하여도 마음대로 되지 않으며, 밤에

---

5 이와 같은 무리 : 원문은 '如是至人'

는 악귀나 친족의 꿈을 꾸거나 꿈결에서 험한 길을 헤매거나[6] 도깨비에게 홀리거나 하는 등의 귀신과 함께 함으로써 날이 갈수록 몸이 점점 쇠약해지고, 자다가도 처참하게 소리치며 괴로워하는 자는 모두다 업장으로 지은 죄업의 경중이 정해지지 못하여 죽기도 어렵고 나을 수도 없게 된 것이니, 보통 사람의 속된 눈으로는 도저히 이를 알지 못한다."

"이때, 모든 불보살의 형상 앞에서 이 경을 큰 소리로 한 번이라도 독경하면서 병자가 아끼는 물건이나 의복, 보배, 장원, 집 등을 병자 앞에 놓고, 큰 소리로 '저희들이 이 병자를 위하여 경전과 불상 앞에 이 재물을 공양하오니, 이것으로 불보살님의 상을 조성하거나, 탑이나 절을 짓거나, 등불을 밝힐 수 있도록 절의 재산으로 보시하겠습니다.'라고 병자가 분명히 알아듣게 세 번을 말한다."

"가령 병자의 의식이 모두 흐트러지고 숨기운이 다하였더라도 하루, 이틀, 사흘, 나흘에서 이레에 이르도록 큰 소리로 이렇게 말하고

---

6 길을 헤매거나 : 원문은 '或夜夢惡鬼 乃及家親 或遊險道'. '꿈에 악귀가 나타나 집 안과 친족을 침범하여 험악한 길을 헤매기도 하며'로 번역하는 경우도 많음.

이 경을 독경하면 이 사람이 목숨을 마친 후, 숙세[7]의 중죄와 오무간죄[8]에 이르기까지 모두 해탈을 얻고 태어나는 곳마다 항상 숙명을 알게 되나니. 하물며 선남자 선여인이 스스로 이 경을 쓰거나 다른 사람으로 하여금 배워서 쓰게 하거나, 스스로 보살의 형상을 조성하고 그리거나 남에게 배워서 그렇게 하게 한다면, 그 공덕으로 받는 이익이 얼마나 크겠는가!"

"그러므로 보광보살이여, 어떤 사람이 이 경을 독송하거나 한 생각만이라도 이 경을 찬탄하거나 공경하는 자를 보거든 그대는 꼭 백천 방편으로 이들에게 권선하여서 정근(精勤)하는 마음에서 물러나지 않도록 하여[9] 현재와 미래에 백천만억의 불가사의한 공덕을 얻게 하라."

"또한 보광보살이여, 미래세에 중생들이 꿈이나 잠결에 귀신들이 슬퍼하거나 울거나 근심하거나 탄식하거나 두려워하는 등의 형상을 보게 되면 이는 모두 한 생이나 열 생, 백 생, 천생 과거세의 부모,

---

7 숙세 : 제1품 각주19, 참조
8 숙세의 중죄와 오무간죄 : 원문은 '宿殃重罪 至五無間罪'
9 물러나지 않도록 : 원문은 '勤心莫退'

형제, 자매, 남편, 아내 등의 권속들이 악도에서 벗어나지 못하고, 스스로는 구원될 복력이 없어서 숙세의 가족에게 호소하여 악도에서 구원하여 줄 것을 소원하는 것이니라."

"보광보살이여, 그대는 신력으로 이와 같은 권속들이 스스로 불보살의 형상 앞에 나아가 지극한 마음[10]으로 이 경을 읽게 하거나, 또는 다른 사람에게 권청하여 읽게 하되 세 번이나 일곱 번에 이르면 악도에 떨어진 권속들은 이 경의 독경 소리와 독송 회수가 끝날 때는 해탈을 얻어 다시는 꿈결에 나타나지 않을 것이다."

"또한 보광보살이여, 미래세에 노비나 자유를 잃은 사람들과 같은 하천한 사람들이 숙세의 업보를 깨닫고 참회를 하고자 하거든 지극한 마음으로 지장보살의 형상에 예배하면서 7일 동안 지장보살의 명호를 불러서 만 번을 채운다면 지금의 과보가 다한 후에는 천만 생 동안 항상 존귀하게 태어나며 다시는 삼악도의 고통을 겪지 않을 것이다."

---

10   지극한 마음 : 원문은 '志心'

"또한 보광보살이여, 미래세 염부제에서 찰제리[11], 바라문, 장자, 거사, 기타 모든 사람 또는 다른 신분으로 태어난 갓난아이가 있거든 남자든 여자든 7일 안에 정성껏 이 불가사의한 경전을 읽어주고 지장보살의 명호를 불러서 만 번을 채운다면 이 아이가 남자든 여자든 숙세의 죄보가 벗겨지고 해탈을 얻게 되어 안락하게 잘 자라며 수명도 더욱 늘게 되리라. 만일 복을 타고 났다면 안락과 수명은 더욱 늘어나게 되리라."

"또한, 보광보살이여, 미래세의 중생들은 매달 1일, 8일, 14일, 15일, 18일, 23일, 24일, 28일, 29일, 30일마다 그간의 죄업을 모아 경중을 정하게 된다. 남염부제 중생들의 행동과 생각이 업 아닌 것이 없고 죄 아닌 것이 없거늘, 어찌 방자한 마음으로 죽이고 훔치고 사음하고 거짓말하는 등 백천 가지 죄를 일부러 지어서야 되겠는가. 이 십재일(十齋日)[12]에 불보살과 모든 성현의 형상 앞에서 이 경을 한 번 완독하면 동, 서, 남, 북의 백 유순 안에서는 모든 재앙이 없어지

---

11 찰제리 : 범어 'Ksatria' 음역. 고대 인도 바라문교사회에 있어서 최고위계급인 바라문족에 이어서 제2위 계급에 속하는 왕족이나 무사계급 등을 의미. 원문은 '刹利'
12 십재일 : 본문에 제시된 날짜를 모두 포함하여 십재일(十齋日)로 표현. 齋는 범어 'uposadha'을 漢譯한 것. '삼가다', '부정을 피하다'로 이해. 齋에 대한 설명은 7품 각주8 및 부록16, 참조

리라."

"또한 집안의 어른이나 아이들도 현재나 미래의 백천세에 악도를 벗어나게 되리라. 십재일마다 이 경을 한 번씩만 완독하여도 현재 집안의 모든 횡액과 질병이 사라지고 의식이 풍족하게 될 것이다. 보광보살이여, 지장보살은 이처럼 말할 수 없는 백천만억의 큰 위신력으로 이익을 주는 분임을 분명히 알아야 하느니라."

"염부제의 중생들은 지장보살과 큰 인연이 있으니 중생들이 지장보살의 이름을 듣거나 지장보살의 형상을 보거나 이 경의 석 자나 다섯 자, 혹은 한 게송이나 한 구절이라도 듣는 자는 현세에 아주 안락할 것이며 미래세 백천만 생을 항상 단정한 몸으로 존귀한 가문에 태어날 것이다."

그때, 보광보살은 부처님께서 지장보살을 칭찬 찬탄하시는 것을 듣고 무릎 꿇고 합장하며 다시 부처님께 말씀드렸다.

"세존이시여, 저는 오래 전부터 지장보살이 지닌 불가사의한 신력과 큰 서원력을 알고 있었사오나 미래 중생들에게 이익을 알려주기 위하여 감히 여래께 여쭈옵고 이를 받아 지니고자 하옵나이다."

"세존이시여, 이 경의 이름은 무엇이라 하오며 저희가 어떻게 유포해야 할지 말씀하여 주옵소서."

부처님께서 보광보살에게 말씀하셨다.

"이 경의 이름은 셋이니라. 하나는 지장본원(地藏本願)이고, 다른 하나는 지장본행(地藏本行)이며, 또 다른 하나는 지장본서력경(地藏本誓力經)[13]이다. 이는 지장보살이 오랜 겁을 지내오면서 큰 서원을 거듭 세워 중생들에게 이익을 주려는 것에서 연유한 것이니 그대들은 이와 같은 서원에 따라 널리 펴도록 하라."

보광보살은 부처님의 말씀을 깊이 새겨듣고는 합장하고 공경히 예배한 다음 물러갔다.

---

13 본서력 : 本願, 本行, 本誓力으로 볼 때, '중생을 구원하겠다는 원'을 세우고 이를 '행동화'하고 '이를 계속 지켜갈 것을 맹서하는 것'으로 이해

제7품   산자와 죽은 자, 모두에 복이 되는 공양

利益存亡品

그때, 지장보살마하살이 부처님께 말씀드렸다.

"세존이시여, 제가 염부제의 중생을 살펴보니 생각하고 행동하는 것[1]이 죄 아닌 것이 없습니다. 가령 좋은 인연[2]을 만나더라도 처음에 낸 마음을 지키기가 어렵고 더욱이 악연을 만나면 생각 생각에 악한 마음이 점점 더해집니다. 이러한 무리들은 마치 무거운 짐을 지고 진흙길을 걷는 것과 같아서 갈수록 발이 점점 더욱 깊이 빠져들게 됩니다. 다행히 선지식을 만나면 선지식이 그 짐을 덜어 주거

---

1 생각하고 행동하는 것 : 원문은 '擧心動念'. 즉, '마음이 일어나고 생각이 움직임'의 의미로 이해함
2 좋은 인연 : 원문은 '善利'. 국내는 '훌륭한 사람', 영미는 'some good benefits', 또는 'wholesome benefits' 번역

나 전부를 대신 져주니 이는 선지식에게 큰 힘이 있기 때문입니다. 선지식은 다시 그를 부축하여 힘을 내게 도와주고 인도하여 평지에 이르면 지나온 험한 길을 살펴보게 하여 두 번 다시 그런 길에 들어가지 않도록 합니다."

"세존이시여, 악을 익힌 중생들은 잠깐 사이라도 한량없는 죄를 저지르게 됩니다. 모든 중생들은 이와 같은 습성이 있으므로 임종할 때에는 가족들이 그를 위하여 마땅히 복을 닦아 앞길을 열어주어야 합니다. 이때는 깃발과 일산(日傘)[3]을 달거나, 등을 밝히거나, 존귀한 경전을 읽거나, 부처님과 모든 성인의 존상 앞에 공양을 올려야 합니다. 부처님과 보살, 벽지불을 생각하며 한 분 한 분의 명호를 분명히 불러 임종하는 사람의 귀에 들려주어 마음에 새겨지도록 하면 그 중생이 지은 악업으로 악도[4]에 떨어지게 되었더라도, 가족들이 그를 위해 성스러운 인연을 닦은 공덕으로 그의 죄는 모두 소멸될 것입니다."

"그가 죽은 뒤 49일 안에 가족들이 여러 가지 좋은 공덕을 지어

---

3   일산 : 안치된 불상 위에 드리운 장식품의 일종으로, 개(蓋)라고도 하며, 양산의 일종
4   악도 : 제4품 각주3, 8 및 부록8, 11, 13, 참조

주면 그 중생은 영원히 악도를 여의고 인간이나 천상에 태어나 수승하고 묘한 낙을 받게 되며 현재의 가족들도 한량없는 이익을 받을 것입니다."

"그러므로 지금 제가 세존을 모시고서 천룡팔부, 인간과 비인(非人)에게[5] 염부제 중생들이 임종하는 날에는 살생하거나 악연을 짓지 말며 귀신이나 도깨비들에게 제사하여 절하고 구하는 일 따위를 감히 하지 못하게[6] 요청하는 바입니다."

"왜냐하면 살생을 하거나 귀신에게 제사 지내는 일은 털끝만큼도 죽은 자에게 이익이 되지 않을 뿐만 아니라 죄의 업연만 맺게 되어 죄업만 깊고 무겁게 되기 때문입니다. 설령 현세나 내세에 성스러운 인연을 만나 인간이나 천상에 태어날 수 있게 되었더라도 임종할 때 가족들이 이와 같은 악을 짓게 되면 임종하는 자가 그 재앙을 변론하느라고 좋은 곳에 태어남이 늦어지거늘, 하물며 임종하는 자가 생전에 작은 선근도 짓지 않았다면 그 본업에 따라 스스로 악도의 과보를 받게 되는데, 그 가족들이 다시 악업을 더해야 되겠나이까."

---

5 인간 및 비인에게 : 원문은 '對佛世尊及天龍八部人非人等'
6 하지 못하게 : 원문은 '愼勿'

"예컨대 마치 먼 길을 가는 사람이 식량은 떨어진지 사흘이 지났고, 백 근이 넘는 짐을 졌는데 문득 이웃 사람을 만나서 다시 작은 짐이라도 더 얹게 되면 어려움이 더 커지는 것과 같습니다."

"세존이시여,"

"제가 염부제의 중생을 살펴보니 모든 부처님의 가르침에 따라 착한 일을 터럭 하나, 물 한 방울, 모래 한 알, 티끌 하나만큼만 하더라도 그로 인한 모든 이익은 자신이 얻게 되옵니다."

이와 같은 말씀을 하실 때 법회 중에 한 장자가 있었는데 이름은 대변(大辯)[7]있었다. 대변장자는 오래 전에 무생법(無生法)[8]을 증득하였지만 시방 중생을 제도하느라 장자의 몸으로 나타났다. 장자는 합장 공경하고 지장보살께 여쭈었다.

"보살이시여[9], 남염부제의 중생이 임종한 후에 가족들이 그를 위하여 공덕을 닦고 재(齋)[10]를 베풀어 여러 가지 선한 일을 하면 임종

---

7   대변장자 : 일반적으로 지장보살의 오른쪽에 모셔져 있는 보살임
8   무생법 : 존재체는 본래 태어남도 사라짐도 없다는 불생불멸에 대한 깨달음의 법
9   보살이시여 : 원문은 '大士'
10 재 : 청정한 몸과 마음으로 음식 등을 신들에게 경건하게 받치는 행위로서 불교에서는 경건하게 불전에 공양 올리는 것으로 이해. 예컨대 천도재, 수륙재 등. 따라서 선망조상에 대한 제사(祭祀)와는 일정한 차이가 있음

한 자가 큰 이익을 얻어 해탈할 수 있습니까?"

지장보살이 대답하였다.

"장자여, 내가 지금 부처님의 위신력을 받들어 현재와 미래의 모든 중생을 위하여 이를 간략히 말씀드리겠습니다. 장자여, 현재와 미래의 모든 중생이 임종할 때 한 분의 부처님, 보살, 벽지불(碧支佛)의 명호를 듣게만 되어도 죄가 있고 없고를 묻지 않고 모두 해탈을 얻을 것입니다. 만약, 어떤 남자나 여인이 생전에 선한 일보다 중죄를 많이 지었더라도 임종 후에 가족들이 그를 위하여 훌륭한 공덕을 지어 복을 닦아 주게 되면, 그 공덕의 칠분의 일은 죽은 자에게 돌아가고 나머지 여섯은 산 사람의 이익이 됩니다. 그러므로 현재와 미래의 선남자 선여인은 이 말을 명심하여 스스로 복을 닦으면 그 공덕을 모두 자신이 얻을 수 있습니다."

"죽음이 불현듯 닥쳐오면[11] 어둠 속을 헤매는 혼신이 되어 자신의 죄와 복을 알지 못하고 49일 동안 바보와 귀머거리처럼 지내다가 염라대왕[12] 앞에서 모든 업과를 따지는 심판이 있고 난 뒤에야

---

11 죽음이 불현듯 : 원문은 '無常大鬼 不期而到'
12 염라대왕 : 제8품 각주1 및 부록17, 참조.

업에 따라 새로운 생을 받게 됩니다. 앞길을 알지 못하는 동안, 근심과 고통이 천만 가지인데 하물며 여러 악도에 떨어진다면 어떠하겠습니까."

"목숨을 마친 사람이 아직 생을 받지 못하는 49일 동안, 생각 생각마다 모든 가족과 친척들이 복력을 지어 구원하여 주기를 간절히 바라지만, 마침내 그날이 다 지나가게 되면 자신이 지은 업에 따라 과보를 받게 됩니다. 그가 죄인이라면 천백 년을 지나도 해탈할 날이 없을 것이며 오무간지옥에 떨어질 큰 죄를 지어 대지옥에 떨어진다면 천겁 만겁토록 온갖 고통을 받습니다."

"또한 장자여, 이런 죄업 중생이 목숨을 마친 뒤에 가족과 친척들이 망인을 위하여 재(齋)를 올리고 선업을 드릴 때는 재를 마치기 이전이나 재를 올리는 동안에는 쌀뜨물이나 나물잎사귀 등을 함부로 땅에 버리지 말고 모든 음식을 부처님과 스님들께 올리기 전에 먼저 먹지 말아야 합니다. 만약 이를 어기고 먼저 먹거나 정성스럽고 정갈하게 만들지 않으면 이 망자는 복력을 얻지 못하게 됩니다. 정성을 다하여 청정하게 만든 음식을 부처님과 스님들께 올리면 그 망자는 그 공덕의 칠분의 일을 얻게 됩니다. 그러므로 장자여, 염부제의 중생이 목숨을 마친 부모나 가족들을 위하여 지극한 마음으로 정성스럽고 청정하게 재를 베풀어 공양을 올리면 산 사람도 죽은 사람도 모두 이익을 얻게 됩니다."

이와 같은 말씀을 하실 때 도리천궁에 있던 천만억 나유타 염부제의 귀신들 모두가 한량없는 보리심을 발하였고 대변장자는 가르침을 받들어 예경하고 물러갔다.

제8품

염라대왕과 귀왕들을 찬탄하심
閻羅王衆讚歎品

그때 철위산에 있는 한량없는 귀왕들이 염라천자[1]와 함께 도리천에 와서 부처님께서 계신 곳으로 모였다. 이들은 악독귀왕, 다악귀왕, 대쟁귀왕, 백호귀왕, 혈호귀왕, 적호귀왕, 산앙귀왕, 비신귀왕, 전광귀왕, 낭아귀왕, 천안귀왕, 담수귀왕, 부석귀왕, 주모귀왕, 주화귀왕, 주식귀왕, 주재귀왕, 주축귀왕, 주금귀왕, 주수귀왕, 주매귀왕, 주산귀왕, 주명귀왕, 주질귀왕, 주험귀왕, 삼목귀왕, 사목귀왕, 오목귀왕, 기리실왕, 대기리실왕, 기리차왕, 대기리차왕, 아나타왕,

---

1 귀왕과 염라천자 : 귀왕은 팔부신중(八部神衆) 중에서 佛法을 수호하는 야차(부록 5), 염라천자는 고대 인도의 'Yama'가 佛法에 귀의하여 지옥에서 死者의 생전의 죄를 재판하는 주관자로서의 역할 수행(부록17, 참조)

대아나타왕 등의 대귀왕들로서 모두 백천의 작은 귀왕들과 함께 염부제에 있으면서 맡은 바와 머무는 곳이 각각 따로 있었다. 이들 귀왕들은 염라천자와 함께 부처님의 위신력과 지장보살마하살의 힘을 받들어 도리천에 올라와 한 쪽에 서 있었다.

그때 염라천자가 무릎 꿇고 합장하며 부처님께 말씀드렸다.

"세존이시여, 저희들이 지금 부처님의 위신력과 지장보살마하살의 힘을 받들어 도리천의 큰 법회에 오게 된 것은 올바른 선과(善果)[2]를 얻기 위함입니다. 제가 궁금한 것이 있어 감히 세존께 여쭙나니 세존이시여, 바라옵건대, 자비로써 말씀하여 주옵소서."

부처님께서 염라천자에게 말씀하셨다.

"그대는 무엇이든 물어 보라. 그대를 위해 말하겠노라."

이때 염라천자는 세존께 우러러 절하고 지장보살을 돌아보며 부처님께 말씀드렸다.

"세존이시여, 제가 지장보살을 뵈오니 육도 중에 계시면서 백천

---

2 바람직한 선과 : 원문은 '獲善利', '善利'에 대한 다양한 번역. 서양에서는 'good benefits'

가지 방편으로 죄고 중생을 제도하면서 피로와 괴로움을 마다하지 않습니다. 중생들은 지장보살의 이와 같은 불가사의한 신통력으로 죄보에서 벗어났다가도 조만간 또다시 악도에 떨어집니다."

"세존이시여, 지장보살에게 이와 같은 불가사의한 신력이 있사온데 어찌하여 중생들은 올바른 법에 의지하여 영원한 해탈을 얻지 못하나이까? 바라옵건대 세존이시여, 저를 위해 말씀하여 주옵소서."

부처님께서 염라천자에게 말씀하셨다.

"남염부제의 중생들은 성품이 억세고 거칠어 조복시키기 어렵지만 지장보살은 백천겁 동안 이와 같은 중생들을 하나하나 구제하여 빠르게 해탈로 이끌고 있다. 이러한 죄인들과 큰 악도에 떨어진 중생들까지도 지장보살이 방편의 힘으로 그들로 하여금 숙세의 죄업을 깨닫게 하여 근본 업연에서 구제하건만, 염부제 중생들은 악습이 무겁게 맺혀서 구제되었다가도 금방 돌아가므로 지장보살이 오랜 겁을 지내면서 수고롭게 제도하여야 비로소 해탈하게 된다."

"비유하자면 어떤 사람이 자기 집을 잃고 헤매다가 잘못하여 험한 길로 들어섰는데 그 길에는 수많은 야차, 호랑이, 늑대, 사자, 구렁이, 독사 따위가 있어 그 사람이 이 길에 들어서자마자 여러 악독한 짐승들과 곧 마주치게 되었다. 그때 큰 술법으로 야차와 모든 악독한 것들을 잘 막아 낼 수 있는 선지식이 있어 험한 길로 들어가려고 하는 미혹한 사람에게 말하였다. '이 가련한 사람아, 어쩌자고 이런 길로 들어섰습니까? 그대가 무슨 기이한 술법이라도 있어서 저 사나운 모든 것들을 물리칠 수 있단 말입니까?' 그 사람은 이 말을 듣고서야 비로소 위험을 깨닫고 곧 물러나서 그 길에서 벗어나고자 하였다. 그때 선지식은 그의 손을 잡아 이끌어 험한 길에서 나오게 하여 악독한 것들로부터 벗어나게 하였다."

"좋은 길로 인도하여 안락함을 얻게 하고는 그에게 또 말하였다. '딱한 사람아, 다음부터는 절대로 저 길로 가지 마세요. 저 길로 들어가면 좀처럼 벗어나기 어렵고 생명까지도 위험할 수 있습니다.' 이 말을 듣고는 길을 잃었던 사람은 크게 감동하였다. 헤어질 때 선지식은 또 말하기를 '만약 저 길을 가는 사람을 보거든 친지이든 아니든 남자이든 여자이든 간에 저 길에는 여러 가지 악독한 것들이 많아서 목숨을 잃는다'고 말하여 그들로 하여금 죽음의 길로 들어가지 않게 하려는 것과 같다."

"이렇듯 대자비를 갖춘 지장보살은 죄고 중생을 구제하여 천상이나 인간으로 태어나 즐거움을 받도록 해주며 그들이 업보의 괴로움을 알고 이를 벗어나 다시는 그런 일을 겪지 않게 하는데, 이것은 마치 길 잃은 사람이 험한 길로 잘못 들어갔을 때 선지식을 만나 구출되어 다시는 그런 곳에 빠져들지 않게 하는 것과 같다. 또 다른 사람을 만나면 들어가지 말도록 권하며 스스로 말하기를 '이 미혹으로 인하여 도리어 해탈을 얻었으니 다시는 들어가지 않으리라.'고 한다.

"그러나 아직도 미혹으로 예전에 빠졌던 험한 길임을 모르고 또다시 그 길을 밟는다면 목숨을 잃거나 악도에 떨어지기도 한다. 지장보살은 방편의 힘으로 악도에 떨어진 중생들을 구제하여 인간이나 천상에 나게 하건만 저들이 악도로 다시 들어가는 것은 악업을 무겁게 맺은 탓이니 지옥에 빠져 영영 해탈할 날이 없을 지니라."

그때, 악독귀왕이 합장 공경하고 부처님께 말씀드렸다.

"세존이시여, 한량없이 많은 저희 귀왕들은 염부제에 있으면서 사람들에게 이익을 주기도 하고 손해를 끼치기도 하는 것이 서로 다른데 이는 업보가 서로 다르기 때문입니다. 저희 권속들이 사바세계를 다녀보면 악함이 많고 선함은 적습니다. 저희들이 사람의 가정이나 도시, 마을, 장원, 방사를 지나다가 어떤 남자나 여인이 티끌만큼이라도 착한 일을 하거나, 불법을 찬양하는 깃발이나 일산을 하나라도 달거나, 약간의 향과 꽃을 불상이나 보살상 앞에 올려 공양하거나, 존중한 경전을 독송하거나, 향을 사르며 법문의 한 글귀나 한 게송이라도 공양을 올리면 저희 귀왕들은 이 사람을 과거, 현재, 미래의 부처님 같이 공경하겠습니다. 또 큰 힘이 있고 토지를 맡고 있는 작은 귀왕들로 하여금 이들을 보호하게 하여 나쁜 일, 횡액, 몹쓸 병[3]이나 뜻하지 않은 일들이 이 사람의 집 근처에서 일어나지 않게 하겠거늘 어찌 그런 일들이 집안으로 들어가게 하겠습니까.'

부처님께서 귀왕을 칭찬하셨다.

"훌륭하도다. 훌륭하도다. 그대들과 염라천자가 그처럼 선남자 선여인을 보호하니 나도 범왕[4]과 제석천[5]에 일러 그대들을 지키고 돕게 하겠노라."

이 말씀을 하실 때 법회 중에 있던 주명귀왕이 부처님께 말씀드렸다.

---

3 몹쓸 병 : 원문은 '惡病橫病'
4 범왕 : 고대인도 브라만의 신이 불법에 귀의하여 제석천과 함께 불법을 수호하는 2대 호법선신이 됨. 범왕은 색계에 계시며(초선천), 세존께서 불법을 깨친 이후 이것을 세상에 전할지에 대해 고뇌하실 때, 범왕이 방문하여 설법을 간청하였던 것으로 전해짐
5 제석천 : 고대인도의 최고의 무장(武將)의 신이었지만 불법에 귀의하여 범왕과 함께 불법을 수호하는 2대 호법선신이 됨. 사천왕 등을 지배하고 도리천의 선견성에 계시며, 도리천(33天)을 주관하는 천신임

"세존이시여, 저의 본 업연은 염부제 사람들의 수명과 함께 그들의 태어날 때와 죽을 때를 모두 관장하옵니다. 저의 본원은 중생을 크게 이롭게 하려는 것이온데 중생들은 저의 뜻을 알지 못하고 나고 죽음에 편안함을 얻지 못합니다."

"염부제에 아기가 태어날 때 남자든 여자든 집안사람들이 착한 일을 하면 집안에 이로움이 더하게 되고 토지신도 한없이 기뻐하여 아기와 산모를 보호하고 큰 안락을 얻게 하며 가족들도 이롭게 하나이다."

"그러므로 아기를 낳은 뒤에는 조심하고 삼가하여 살생을 하지 말아야 함에도 불구하고 여러 가지 비린 것을 산모에게 먹이고 친척들이 모여 술을 마시고 고기를 먹으며 노래를 부르고 풍악을 울리며 즐긴다면 산모와 아기가 편안함과 즐거움을 얻지 못하게 됩니다."

"왜냐하면 해산할 때는 수많은 악귀와 도깨비들이 비린내 나는 피를 먹으려하기 때문입니다. 그러므로 제가 미리 집안의 토지신들로 하여금 산모와 아기를 잘 보호하여 편안하게 해주도록 합니다. 안락함을 얻었으면 사람들은 마땅히 복을 베풀어 모든 토지신에게 보답해야 함에도 도리어 살생하여 잔치를 벌이니 이는 스스로 재앙을 불러 아기와 산모를 함께 해치게 됩니다."

"또한 염부제의 임종하는 사람은 누구든지 선악을 묻지 않고 악도에 떨어지지 않게 하려고 애를 쓰고 있사온데 하물며 스스로 선근을 닦아서 제 힘을 도와주는 사람은 어떠하겠습니까! 이 염부제에서는 선행을 한 사람도 임종할 때는 역시 백천이나 되는 악도의 귀신들이 부모나 가족의 형상으로 나타나 망인을 이끌어 악도에 빠지게 하거늘 본래부터 악업을 지어온 자는 말해 무엇 하겠습니까?"

"세존이시여, 이처럼 염부제의 남자나 여인이 임종할 때에는 정신이 아득해져서 선악을 분간하지 못하고 눈과 귀로 볼 수도 들을 수도 없습니다. 이때 그의 가족들이 큰 공양을 베풀고 귀중한 경전을 읽어주며 부처님과 보살의 명호를 염불하여 주면, 이러한 좋은 인연으로 망인으로 하여금 모든 악도에서 벗어나게 하고 모든 마귀와 귀신들도 흩어지고 물러가게 합니다."

"세존이시여, 어떤 중생이든 임종할 때 한 부처님이나 한 보살의 명호, 대승경전의 한 구절이나 한 게송이라도 듣는다면 제가 이러한 사람들을 잘 살펴보고, 오무간지옥에 떨어질 살생죄를 제외한 작은 악업으로 악도에 떨어질 자들에게 모두 해탈을 얻게 하겠습니다."

부처님께서 주명귀왕에게 말씀하셨다.

"그대가 대자비로 큰 원을 세워 태어남과 죽음을 맞이하는 중생을 잘 보호하도다. 미래세에 남녀 중생이 나고 죽을 때 그대는 이 서원에서 물러서지 말고 모두를 해탈시켜 안락을 얻도록 하라."

주명귀왕이 부처님께 말씀드렸다.

"원컨대 염려하지 마시옵소서. 저는 이 몸이 다하도록 생각 생각마다 염부제의 중생들을 보호하여 날 때와 죽을 때, 모두 안락을 얻게 하겠습니다. 오직 원하옵나니, 중생들이 나고 죽을 때 제 말을 믿고 받아들여 모두가 해탈하여 큰 이익을 얻기를 바라옵니다."

그때 부처님께서 지장보살에게 말씀하셨다.

"이 대귀왕 주명은 과거 백천생 동안 대귀왕으로 지내면서 중생을 나고 죽음 속에서 보호하고 있나니. 이는 보살이 자비원력으로 대귀왕의 몸을 나타낸 것이지 사실은 귀왕이 아니다. 앞으로 백칠십 겁을 지나서 성불할 것이니 명호는 무상여래(無相如來)이고 겁의 이름은 안락(安樂)이며 세계의 이름은 정주(淨住)라고 하며 그 부처님의 수명은 헤아릴 수 없는 겁이 될 것이다. 지장보살이여, 이 대귀왕의 일은 이렇게 불가사의하고 제도하는 천상과 인간 또한 헤아릴 수가 없을 것이다."

제9품	부처님의 명호를 일러주심 稱佛名號品

그때 지장보살마하살이 부처님께 말씀드렸다.

"세존이시여, 저는 지금 미래 중생들에게 이익 되는 일을 말하여 그들이 나고 죽는 가운데에서 큰 이익을 얻을 수 있도록 할까 하오니 세존께서 저의 언사를 살펴 주시옵소서."[1]

부처님께서 지장보살에게 말씀하셨다.

"그대가 지금 자비심을 일으켜 육도(六道)의 모든 죄고 중생을 구제하고자 불가사의한 일을 말하려 하니 지금이 바로 그때이니 속히

---

1 언사를 살펴주소서 : 원문은 '唯願世尊聽我說之'

말하라. 나도 곧 열반에 들 것이니, 그대가 그 원을 모두 이루면 나 역시 현재와 미래의 모든 중생에 대한 근심이 없어지니라."

지장보살이 부처님께 말씀드렸다.

"세존이시여, 한량없는 아승기 겁의 과거에 무변신여래(無邊身如來)라는 명호의 부처님께서 세상에 오셨습니다. 남자나 여자가 이 부처님의 명호를 듣고 잠깐이라도 공경심을 내면 곧 사십 겁의 생사중죄를 뛰어넘을 것이며, 그 부처님의 형상을 조성하거나 그려서 모시고² 공양하고 찬탄하는 사람은 한량없고 끝이 없는 복을 얻을 것입니다."

"또한 항하의 모래알처럼 많은 겁의 과거에 보승여래(寶勝如來)라는 명호의 부처님께서 세상에 오셨습니다. 남자나 여인이 이 부처님의 명호를 듣고 손가락 한 번 튕길 동안만이라도 귀의하는 마음을 낸다면 이 사람은 '위없는 진리의 길'(無上道)에서 영원히 물러나지 않을 것입니다."

---

2 조성하거나 그려 모시고 : 원문은 '塑畫形像', 'mold and paint his image'로도 번역

"또한 과거에 파두마승여래(波頭摩勝如來)라는 명호의 부처님께서 세상에 오셨습니다. 남자나 여인이 이 부처님의 명호를 들어 귀를 스치기만 하여도 이 사람은 천 번을 육욕천(六欲天) 가운데 태어나거늘 하물며 지극한 마음으로 염불하면 어찌 되겠습니까."

"또한 말할 수 없는 아승기겁의 과거에 사자후여래(獅子吼如來)라는 명호의 부처님께서 세상에 오셨습니다. 남자나 여인이 이 부처님의 명호를 듣고 일념으로 귀의하면 이 사람은 한없는 모든 부처님께서 정수리를 만져주시는 마정수기(摩頂受記)3를 받을 것입니다."

"또한 과거에 구류손불(拘留孫佛)이라는 명호의 부처님께서 세상에 오셨습니다. 남자나 여인이 이 부처님의 명호를 듣고 지극한 마음으로 우러러 예배하거나 찬탄하면 이 사람은 현겁(賢劫)4의 천불(千佛)의 회중(會中)에서 대범왕이 되어 으뜸가는 수기를 받을 것입니다."

---

3 마정수기 : 부처님이 제자들의 정수리를 어루만지면서 그들의 미래의 증과를 예언하시는 모습. 과거 한때 연등불께서 석가모니의 머리를 쓰다듬으면서 미래에 부처가 될 것이라는 마정수기를 주셨음
4 현겁 : 불교세계관에 따르면 우주의 생성 · 소멸과 관련한 시간 단위로써 겁(劫)이란 용어를 사용. 이때 과거를 장엄겁, 현재를 현겁, 미래를 성수겁으로 표시. 현재 기간을 '現劫'이 아닌 '賢劫'으로 표현. 원문은 '賢劫千佛會中'

"또한 과거에 비바시불(毗婆尸佛)이라는 명호의 부처님께서 세상이 오셨습니다. 남자나 여인이 이 부처님의 명호를 듣게 되면 영원히 악도에 떨어지지 않고 항상 인간이나 천상에 태어나 승묘한 즐거움을 누릴 것입니다."

"또한 한량없고 셀 수 없는 항하의 모래알처럼 많은 겁의 과거에 보승여래(寶勝如來)라는 명호의 부처님께서 세상에 오셨습니다. 남자나 여인이 이 부처님의 이름을 듣게 되면 끝내 악도에 떨어지지 않고 항상 천상에서 승묘한 즐거움을 누릴 것입니다."

"또한 과거에 보상여래(寶相如來)라는 명호의 부처님께서 세상에 오셨습니다. 남자나 여인이 이 부처님의 명호를 듣고 공경심을 내게 되면 이 사람은 오래지 않아 아라한과(阿羅漢果)[5]를 얻을 것입니다."

"또한 무량 아승기 겁의 과거에 가사당여래(袈裟幢如來)라는 명호의 부처님께서 세상에 오셨습니다. 남자나 여인이 이 부처님의 명호를

---

5 아라한과 : 소승의 4개의 沙門果 중에서 최고위의 계위, 즉 완전한 깨달음과 번뇌를 완전히 끊고 6도 윤회의 세계로 돌아오지 않는 지위(상태)를 의미. 소승의 4개 사문 과는 예류과(預流果), 일래과(一來果), 불환과(不還果), 아라한과(阿羅漢果)로 구분 (부록18, 참조)

듣게 되면 일백 대겁 동안, 나고 죽는 무거운 죄를 벗어날 것입니다."

"또한 과거에 대통산왕여래(大通山王如來)라는 명호의 부처님께서 세상에 오셨습니다. 남자나 여인이 이 부처님의 명호를 듣게 되면 이 사람은 항하의 모래알처럼 많은 부처님을 만나 설법을 듣고 반드시 보리를 이룰 것입니다."

"또한 과거에 정월불, 산왕불, 지승불, 정명왕불, 지성취불, 무상불, 묘성불, 만원불, 월면불과 같이 말할 수도 없이 많은 부처님[6]이 계셨습니다(부록23). 세존이시여, 현재나 미래의 천상과 인간, 남자나 여인을 막론하고 모든 중생이 한 부처님의 명호만을 염불하여도 그 공덕이 한량없거늘 하물며 많은 부처님의 명호를 염불하면 어떠하겠습니까."

"이러한 중생들은 살았을 때나 죽은 뒤나 스스로 큰 이익을 얻어 끝내 악도에 떨어지지 않을 것입니다. 또한 임종을 맞이하여 그 사람의 집안 권속들 중에서 한 사람이라도 그 병자를 위하여 한 부처

---

6 수많은 부처님과 그 명호 : 이와 관련하여 '불설아미타경' 및 '부록23' 참조.

님의 명호만 큰 소리로 염불하여도 임종하는 사람의 과보는 오무간 죄를 제외하고는 모두 소멸됩니다. 오무간죄가 지극히 무거워 억겁을 지나도 도저히 벗어날 수 없을지라도 임종을 맞이하여 다른 사람이 그를 위하여 부처님의 명호를 염불하여 주면 무거운 죄업도 점점 소멸될 것입니다. 그런데 하물며 그 중생 스스로 염불하는 것이야 어떻겠습니까. 한량없는 복을 얻어 한량없는 죄가 소멸될 것입니다."

제10품 보시 공덕의 과보를 헤아려 말씀하심
校量布施功德緣品

　그때 지장보살마하살은 부처님의 위신력을 받들어 자리에서 일어나 무릎 꿇고 합장하며 부처님께 말씀드렸다.

　"세존이시여, 제가 업도 중생의 보시 공덕을 헤아려보니 가벼운 것도 있고 무거운 것도 있어서 한 생만 복을 받는 것도 있고 열 생 동안 복을 받는 것도 있으며 백 생, 천 생토록 큰 복을 받는 것도 있는데 이는 어떤 까닭인지 세존이시여, 저에게 말씀하여 주옵소서."

　그때 부처님께서 지장보살에게 말씀하셨다.

　"내가 지금 도리천궁에 일체 대중들이 모인 가운데서 염부제의 보시 공덕의 가벼움과 무거움을 헤아려 그대에게 설하노니 그대는 자세히 듣도록 하라."

지장보살이 부처님께 말씀드렸다.

"저는 그것이 궁금하였는데 듣게 되어 기쁘옵니다."

부처님께서 지장보살에게 말씀하셨다.

"남염부제의 국왕이나 재상, 대신, 대장자, 대찰리[1], 대바라문 등이 가장 빈천하고 빈궁한 자나 꼽추, 벙어리, 귀머거리, 장님 등과 같은 여러 장애인을 만나 보시하려 할 때 큰 자비심과 겸손한 마음으로 미소를 지으면서 직접 베풀거나, 혹은 사람을 시켜 베풀며 부드러운 말로 위로 한다면, 이때 이들이 얻는 복과 이익은 백 개의 항하에 있는 모래알처럼 많은 부처님께 보시한 공덕만큼이나 될 것이다. 왜냐하면 이는 높고 귀한 자리에 있는 이들이 가장 빈천한 이들과 장애인들에게 큰 자비심을 낸 까닭이니, 이들이 얻는 복과 이익은 백천 생 동안 항상 칠보가 구족할 것이거늘 어찌 먹고 입을 것이 부족하겠는가."

"또한 지장보살이여, 미래세에 국왕이나 바라문 등이 부처님의 탑사나 부처님의 형상이나 보살, 성문, 벽지불의 형상을 보고 스스

---

1 대찰리 : 고대 인도 바라문교사회의 제2위 계급에 속하는 왕족이나 대무사 계급으로, '찰제리', '찰리'라고도 함. 제6품 각주9, 참조

로 마련한 것으로 공양을 올리고 보시하면[2] 이들은 세 겁 동안 제석천왕이 되어 뛰어나고 묘한 즐거움을 받을 것이며, 만약 보시한 복과 이익을 법계에 회향한다면 이들은 열 겁 동안 항상 대범천왕[3]이 될 것이다."

"또한 지장보살이여, 미래세에 국왕이나 바라문 등이 오래되어 헐고 파괴된 불탑이나 불상이나 경전을 보고 발심하여 이들을 보수하되, 국왕 등이 스스로 또는 다른 사람에게 권선하여 이를 처리하거나 또는 수많은 사람들에게 이와 같은 보시 인연을 맺어주면 이들은 백천 생 동안 항상 전륜왕이 되며, 함께 보시한 다른 사람들은 백천 생 동안 항상 작은 나라의 왕이 될 것이다. 또, 탑묘의 앞에서 회향심(廻向心)[4]을 내면 이들은 모두 불도를 이루리니 이로 인한 과보는 한량없고 끝이 없을 것이다."

"또한 지장보살이여, 미래세에 국왕이나 바라문 등이 늙고 병든 이나 해산하는 부녀자를 보고 잠깐이라도 큰 자비심을 내어 의약, 음식, 침구 등을 보시하여 안락하게 해주면 이로 인한 복과 이익은

---

2   스스로 마련한 것 : 원문은 '營辨'. 자신이 스스로 마련한 보시물 등으로 이해.
3   제석천왕 및 대범천왕 : 제8품 각주4, 5, 참조
4   회향심 : 자신이 쌓은 공덕을 타인에게 돌려주는 마음. 즉 타인을 위해 자신의 공덕을 베풀어주는 마음

매우 커서 일백 겁 동안은 언제나 정거천주(淨居天主)[5]가 되고, 다시 이백 겁 동안은 항상 육욕천주(六欲天主)[6](부록19)가 되며, 오래토록 악도에 떨어지지 않아 백천 생 동안 귀로 괴로운 소리를 듣지 않고 마침내는 불도를 성취하게 될 것이다.

"또한 지장보살이여, 미래세에 국왕이나 바라문 등이 이와 같은 보시를 하면 한량없는 복을 얻고, 이를 다시 법계에 회향하면 보시의 많고 적음에 관계없이 끝내는 성불하게 되거늘 하물며 제석천, 범천왕, 전륜왕[7]이 되는 과보뿐이겠는가. 그러므로 지장보살이여, 중생들로 하여금 이와 같은 보시를 배우도록 널리 권선하도록 할지니라."

"또한 지장보살이여, 미래세에 선남자 선여인이 불법 중에서 털 끝이나 먼지만큼의 작은 선근을 심어도 받는 복과 이익은 비유도 할 수 없이 많을 것이다."

---

5 정거천주 : 색계 중에서 마지막 5단계의 5정거천주를 의미. 즉, 무번천, 무열천, 선현천, 선견천, 색구경천이 이에 속함(부록1, 참조).

6 6욕계 천주 : 욕계에 속하는 6개의 天神. 즉 사천왕, 도리천왕, 야마천왕, 도솔천왕, 화락천왕, 타화자재천왕. 이때, 사천왕과 도리천왕은 수미산의 중간과 정상에 각각 거주하고, 야마천왕부터는 수미산 위의 하늘에 거주. 미륵보살은 지금 도솔천에서 불법을 닦고 계시는 것으로 전해짐(부록1, 참조)

7 전륜왕 : 고대인도 사상에 따른 가장 이상적인 왕을 의미. 지상은 佛法에 의해 통치되고 왕은 이와 관련된 선한 조건을 모두 갖추고 있는 왕으로 여김

"또한 지장보살이여, 미래세에 선남자 선여인이 부처님이나 보살, 벽지불, 또는 전륜왕의 형상을 보고 이에 보시 공양을 올리면 한량없는 복을 얻어 항상 인간과 천상에서 뛰어나고 묘한 즐거움을 받으며, 만일 이를 법계에 회향한다면 이 사람의 복과 이익은 비유할 수 없이 많을 것이다."

"또한 지장보살이여, 미래세에 선남자 선여인이 대승경전을 만나 한 게송이나 한 구절이라도 듣고, 소중한 마음을 내어 찬탄하고 공경하며 보시하고 공양을 올리면 이 사람은 한량없고 끝이 없는 큰 과보를 얻을 것이며 이를 법계에 회향하면 그 복은 비유할 수 없이 많을 것이다."

"또한, 지장보살이여, 미래세에 선남자 선여인이 새로운 불탑이나 대승경전을 만나 여기에 공양물을 올려 보시하고[8] 예배 찬탄하며 공경 합장하거나, 또는 오래되어 헐고 무너진 불탑이나 대승경전을 만나 이를 보수 관리하되, 혼자서 발심하여 이를 행하거나 이웃에게 권하여 함께 발심하여 이를 행하게 되면, 이들은 삼십 생 동안

---

8 여기에 공양물을 보시하면 : 원문은 '新者報施供養'. 이때 '新者'를 두고 다양한 번역. 여기서는 사람이 아닌 물건, 즉 '그와 같은 것'(such things)으로 이해.

항상 작은 나라의 왕이 될 것이며, 처음에 발심하고 공양 시주한 사람[9]은 항상 전륜왕이 되어 선법(善法)으로 여러 작은 나라의 왕들을 교화하게 될 것이다."

"또한 지장보살이여, 미래세에 선남자 선여인이 불법 중에서 선근을 심어 보시 공양하거나, 탑이나 절을 보수하거나, 경전을 편찬하고 관리하는 등 터럭 하나, 티끌 한 톨, 모래 한 알, 물 한 방울만큼의 선한 일이라도 법계에 회향한다면 이 사람은 그 공덕으로 백천 생 동안 으뜸가는 복락을 누릴 것이다. 하지만 그 공덕을 가족이나 자신만의 이익으로 돌린다면 이와 같은 과보는 곧 삼생의 즐거움뿐일지니. 작은 것을 버려야 크고 많은 과보를 얻을 수 있으리니.[10] 지장보살이여, 보시의 인연 공덕은 이와 같도다."

---

9 공양 시주한 사람 : 원문은 '檀越'로 표기. 이는 범어 'dāna-pati''를 음역한 것. 사찰이나 스님들께 보시하는 신자를 의미
10 작은 것을 버려야만 : 원문은 '捨一得萬報'으로 표기

제11품 　견뢰지신의 불법 수호 공덕을 말씀하심
地神護法品

　　그때, 견뢰지신(堅牢地神)[1]이 부처님께 말씀드렸다.

　　"세존이시여, 저는 예전부터 한량없이 많은 보살마하살을 뵙고 받들며 예배하여 왔사온데, 모두가 불가사의한 신통력과 지혜로 널리 중생을 제도하지만 지장보살마하살의 서원은 모든 보살들보다 더 깊고 장엄하십니다. 세존이시여, 지장보살은 염부제와 큰 인연이 있습니다. 문수, 보현, 관음, 미륵보살도 역시 백천의 형상으로 나타나 육도 중생을 제도하지만 그 서원에는 끝이 있으련만, 육도의 모든 중생을 교화하고자 세운 지장보살의 서원은 백천억 항하의 모래

1　견뢰지신 : 대지를 주관하는 지신. 대지는 만물의 생멸의 원천이며, 견고 부동하기
　　에 견뢰(堅牢)라고 함

알 수와 같나이다."

"세존이시여, 제가 살펴보니 현재와 미래의 중생들이 살고 있는 곳의 남쪽 청결한 곳에 흙이나 돌, 대나무, 또는 나무로 감실(龕室)² 을 만들어 거기에 지장보살의 탱화나 금, 은, 동, 철로 형상을 조성하여 모시고 향을 피워 공양하고 예배 찬탄하면 이 사람이 사는 곳에서 열 가지의 이익을 얻을 것입니다. 무엇이 열 가지인가 하면"³

"첫째, 토지에 풍년이 들고"⁴

"둘째, 집안이 언제나 평안하며"

"셋째, 선망 가족들이 천상에 나고"

"넷째, 살아있는 가족들은 수명을 더하며"

"다섯째, 구하는 바가 뜻대로 되고"

"여섯째, 수재나 화재가 없으며"

"일곱째, 헛되이 잃는 재물이 없고"

"여덟째, 나쁜 꿈이 사라지며"

"아홉째, 출입할 때 신장들이 보호하고"

---

2 감실 : 불상 등을 모시기 위해 만든 작은 공간을 의미. 일본 사회의 동네 입구 등에 설치되어 있는 지장보살 전각을 일부 연상케 함
3 한문 특유의 주어 생략. 이익을 얻는 자는 일차적으로 공양 예배 찬탄하는 자들로 봄
4 토지풍년 : 원문은 '土地豊壤'으로 표기

"열째, 좋은 인연을 많이 만나는 것입니다."

"세존이시여, 현재나 미래세의 중생들은 그들이 살고 있는 처소 등에서 이와 같은 공양을 올려도 역시 같은 이익을 얻게 되옵니다."

견뢰지신이 부처님께 또 말씀드렸다.

"세존이시여, 미래세에 선남자 선여인이 그들이 사는 처소에서 이 경전과 보살의 형상을 모시고 이 경전을 독경하며 보살에게 공양을 올리면 제가 본신력으로 밤낮으로 이 사람을 보호하여 물, 불, 도둑 이나 크고 작은 횡액과 온갖 나쁜 일들을 모두 소멸시키겠습니다."

부처님께서 견뢰지신에게 말씀하셨다.

"견뢰여, 그대의 위신력은 다른 신들이 미치기 어렵도다.[5] 왜냐 하면 염부제의 토지가 모두 그대의 보호를 받고 있으며 초목, 모래, 돌, 벼, 삼, 대, 갈대, 곡식, 쌀과 보배까지도 모두 땅에 의지하여 있 는 것이니 모두가 그대의 힘을 입기 때문이다. 또, 그대가 지장보살 의 이익에 대하여 그렇게 찬탄하니 그대의 공덕과 신통력은 보통 지신들보다도 백천 배나 더하리라."

---

5   어렵도다 : 원문은 '諸神少及'. 즉 '신들의 신력이 못 미친다'는 의미

"미래세에 선남자 선여인이 지장보살에게 공양을 올리고 이 경을 독송하며 지장보살본원경에 따라 한 가지 일이라도 실천한다면 그대는 본신력으로 이들을 보호하여 온갖 재해와 뜻대로 되지 않는 일이 들리지도 않게 할 진대, 하물며 피해를 입는 일이 있게 하리오. 물론 그대 혼자서 그 사람을 보호하는 것이 아니고 제석천과 범천의 권속들과 천상의 모든 권속들도[6] 그 사람을 보호하리라."

"이처럼 성현의 보호를 받는 까닭은 지장보살의 형상에 예배하고 지장보살본원경을 독송하는 공덕 때문이니, 그 사람은 큰 보호를 받아 마침내는 고해를 벗어나 열반락을 얻게 되리라."

---

6   모든 권속들도 : 원문은 '諸天眷屬'. 즉 천계의 신들까지도

제12품　지장경을 보고 듣는 무한 복덕을 말씀하심
見聞利益品

　　그때 세존께서 정수리 위에서 백천만억의 큰 호상광(毫相光)[1]을 발산하시니 이른바 백호상광, 대백호상광, 서호상광, 대서호상광, 옥호상광, 대옥호상광, 자호상광, 대자호상광, 청호상광, 대청호상광, 벽호상광, 대벽호상광, 홍호상광, 대홍호상광, 녹호상광, 대녹호상광, 금호상광, 대금호상광, 경운호광, 대경운호광, 천륜호광, 대천륜호광, 보륜호광, 대보륜호광, 일륜호광, 대일륜호광, 월륜호광, 대월륜호광, 궁전호광, 대궁전호광, 해운호광, 대해운호광이었다.

1　호상광 : 부처님 얼굴 미간 가운데 있는 작은 흰색 털에서 쏟아져 나오는 밝고 맑은 광명(부록19 참조)

정수리 위에서 이러한 호상광을 내시고는 미묘한 음성으로 모든 대중, 천룡팔부, 인간, 비인(非人)[2] 들에게 말씀하셨다.

"잘 들으라. 내가 오늘 도리천궁에서 지장보살이 인간과 천상을 이익 되게 하는 불가사의한 일, 성스러운 인연을 뛰어넘는 일, 10지(十地)[3]를 증득하여 마침내 아누다라삼먁삼보리[4]에서 물러나지 않는 일을 높이 칭송하고 찬탄하리라."

이와 같은 말씀을 하실 때, 법회 중에 있던 관세음보살이 자리에서 일어나 무릎 꿇고 합장하며 부처님께 말씀드렸다.

"세존이시여, 지장보살마하살은 대자비를 갖추고 죄고 중생을 불쌍히 여겨 천만억 세계에 천만억의 몸을 나타내는 이와 같은 공덕과 불가사의한 위신력에 대해 세존과 시방세계 모든 부처님께서 한 뜻으로, '과거, 현재, 미래의 모든 부처님들께서 그 공덕을 말씀하셔도 끝이 없으리.'라고 찬탄하시는 것을 들었습니다. 또한 일전에 세존께서 대중들에게 말씀하시기를 '지장보살의 이익에 관한 일을 찬탄하여 말씀하시고자 한다.'고 하셨으니 세존이시여, 원하옵건대 현

---

2 인비인 : 인간과 인간의 형상을 하고는 있지만 인간이 아닌 존재체
3 10지 : 깨달음의 52위 중에서 제41위에서 50위의 단계. 성인 단계에 속함. 제1품 각주11(부록6 참조)
4 아누다라삼먁삼보리 : 부처님의 완전한 깨달음. 無上正等覺. 제2품 각주1 참조

재와 미래의 모든 중생을 위하여 지장보살의 불가사의한 일을 말씀하셔서 천룡팔부들로 하여금 예배하고 복을 얻게 하여 주시기를 바라옵니다."

부처님께서 관세음보살에게 말씀하셨다.

"그대는 사바세계에 큰 인연이 있어서 하늘이나 용, 남자, 여자, 신, 귀신, 그리고 육도의 죄고 중생까지도 그대의 이름을 듣거나, 그대의 형상을 보거나, 그대를 연모하거나, 그대를 찬탄하면 이 중생들은 모두 위없는 최상의 깨달음에서 물러나지 않고, 항상 인간이나 천상에 태어나 뛰어난 즐거움을 누리며, 이후 인과가 성숙하면 부처님의 수기를 받게 되리라. 그대가 대자비로써 중생과 천룡팔부들을 가엾이 여겨 내가 지장보살의 불가사의한 일에 대해 설명하는 것을 듣고자 하니 그대는 잘 들으라. 내가 지금 말하리라."

관세음보살이 말씀드렸다.
"그렇게 하오리다. 세존이시여, 기쁘게 듣겠나이다."

부처님께서 관세음보살에게 말씀하셨다.
"현재와 미래의 모든 세계의 천인(天人)들이 받은 천복이 다하여 오쇠상(五衰相)⁵이 나타나거나, 악도에 떨어지게 되었을 때, 그 천인이 남자이든 여자이든 지장보살의 형상을 보고, 명호를 듣고, 한 번 예배하고 한 번 절만 하여도 그 천인은 다시 천복이 더하여 큰 즐거움을 받게 되며 길이 삼악도의 업보를 겪지 않을지니. 하물며 지장보살을 보고 향, 꽃, 의복, 음식, 보배, 영락 등으로 보시 공양함은 어떠하겠는가. 그리하여 얻는 공덕과 이익은 무량하리라."

"또한 관세음보살이여, 현재와 미래의 모든 세계에서 육도 중생이 목숨을 마치려 할 때 지장보살의 명호를 들려주어 그 한 소리라도 귓가에 스치기만 하여도 그 중생은 길이 삼악도의 고초를 겪지 않으리니. 하물며 임종 시에 부모나 권속들이 임종하는 사람의 집, 재물, 보배, 의복 등으로 미리 지장보살의 형상을 조성하거나 탱화로 그려 모신다면 어떠하겠는가. 병자가 목숨을 마치려할 때, 바른 길을 아는 가족들이 집과 보배 등으로 그를 위해 미리 지장보살상을 조성하거나 그려 모시고, 눈과 귀로 이를 보고 듣게 하면 그 사람이 업보로 중병을 앓더라도 이 공덕으로 병이 낫고 수명이 연장될 것이다. 목숨이 다한 사람이 그동안의 죄업으로 악도에 떨어지게 되

---

5   오쇠상 : 욕계의 천신도 윤회 전생하는데 이들의 경우, 죽음에 이르게 되면 다섯 가지 유형의 쇠퇴 현상을 경험. 이를 오쇠상이라 함. 예, 입고 있던 의복이 더러워지는 등.

었더라도 이 공덕으로 죽은 뒤에 모든 죄와 업장이 소멸되어 곧 인간이나 천상에 다시 태어나 뛰어난 즐거움을 받을 것이다."

"또한 관세음보살이여, 미래세에 남자나 여인이 젖먹이 때나 세 살이나 다섯 살, 열 살이 되기 전에 부모나 형제자매를 잃은 후 장성하여 부모와 가족들을 생각하고 그리워하지만, 어디에 떨어졌는지 어느 세계 어느 하늘에 태어났는지 알지 못할 경우, 만약 이 사람이 지장보살상을 조성하거나 그려 모시거나 명호를 듣고 한번 예배하고 한번 절하기를 하루에서 7일에 이르도록 초심에서 물러서지 않고 명호를 부르고 형상을 보고 예배 공양하면, 그의 권속들은 스스로 지은 업으로 악도에 떨어져서 마땅히 여러 겁을 지내야 할지라도 그가 지장보살상을 조성하고 그려 모시고 예배한 공덕으로 그의 형제자매들은 바로 해탈을 얻어서 인간이나 하늘에 태어나 승묘한 즐거움을 얻으리라. 또한 이 사람의 가족들에게 복력이 있어서 이미 인간이나 하늘에 태어나서 승묘한 즐거움을 받고 있다면 이 공덕으로 성스러운 인연이 더욱 늘어나 무량한 즐거움을 받게 될 것이니라."

"또한 그 사람이 다시 21일 동안 일심으로 지장보살의 형상에 우러러 예배드리고 명호를 만 번 염불하면 지장보살은 무변신(無邊身)[6]으로 나타나 그 가족이 태어난 곳을 알려주거나, 꿈에 보살이 대신 통력으로 친히 이 사람을 그 가족들이 있는 세계로 데려가 보여 줄 것이다. 또 매일 지장보살의 명호를 천 번씩 염불하여 천일에 이르면 지장보살은 그가 사는 곳의 토지신을 시켜 종신토록 돌보게 하여 현세에 의식이 풍족하고 모든 질병과 고통이 없어지며 어떠한 횡액도 그의 집 문에 조차 들어가지 못 하게 할진대, 어찌 그의 몸에 미치게 하겠는가. 이 사람은 반드시 지장보살의 마정수기를 받게 되리라."

"또한 관세음보살이여, 만약 미래세에 선남자 선여인이 광대한 자비심을 내어 모든 중생을 제도하고자 하거나, 무한한 보리심을 닦고자 하거나, 삼계의 고통에서 벗어나고자 하면 지장보살의 형상을 보고, 명호를 듣고, 지극한 마음으로 귀의하여 향, 꽃, 의복, 보배, 음식 등으로 공양을 올리고 예배해야 한다. 그러면 이 선남자 선여인은 소원이 속히 이루어지고 영원히 장애가 없을 것이다."

6　무변신 : 모양이나 관념의 틀에 장애를 받지 않는 광대무변적 보살을 상징

"또한 관세음보살이여, 미래세에 선남자 선여인이 현재와 미래에 백천만억의 소원과 백천만억의 일을 이루고자 하거든, 곧장 지장보살에게 귀의하여 그 형상에 예배하고 공양을 올리고 찬탄하면 원하는 것과 구하는 것이 모두 성취될 것이다. 또한 지장보살이 대자비로써 자신을 영원히 지켜주시기를 원한다면 이 사람은 조만간 꿈속에서 지장보살의 마정수기를 받을 것이다."

"또한 관세음보살이여, 미래세에 선남자 선여인이 대승경전에 대한 깊은 존경심 속에서 이를 읽고 외우고자 하는 뜨거운 마음이 생겨 훌륭한 스승을 만나 독송하는 가르침을 받아서[7] 이를 익힐지라도, 읽은 것을 금방 잊어버리고 세월이 가도 독송하지 못하는 것은 이 선남자 선여인에게 쌓인 업장이 아직도 소멸되지 않아 대승경전을 독송할 성품이 없기 때문이다. 이러한 사람은 지장보살의 명호를 듣고 지장보살의 형상을 보고 정성을 다하여 공경스럽게 그 사실을 말씀드리고 나아가 향, 꽃, 의복, 음식과 여러 가지 진귀한 것으로 보살에게 공양을 올려야 한다. 깨끗한 물 한 그릇을 하루 낮

---

7 훌륭한 스승을 만나 독송하는 가르침을 받아서 : '縱遇明師敎視', 'in spite of their brilliant teacher's instruction, showing them how to learn the Suttras by heart'

하룻밤 동안 보살 앞에 공양 올린 후, 합장하고 청한 다음 마시되 머리를 남쪽으로 향하고 지극한 정성으로 입에 대야 한다. 마시고 나서는 7일이나 21일 동안 오신채와 술, 고기를 먹지 않고 사음, 망어와 모든 살생을 삼가 하면 이 선남자 선여인은 꿈에서 지장보살이 한없는 몸으로 나타나 머리에 물을 부어주는 관정수기(灌頂授記)[8]를 경험하게 되리라. 이와 같은 꿈을 깨고 나면 곧 총명을 얻어서, 경전이 한 번만 귓가를 스쳐도 즉시 기억되어 한 글귀, 한 게송도 길이 잊지 않게 될 것이다."

"또한 관세음보살이여, 미래세에 의복과 음식이 부족하여 구하여도 뜻대로 안 되거나, 질병이 많고 흉쇠한 일이 많아서 집안이 불안하고 가족이 흩어지거나, 흉한 일이 많이 일어나 몸이 괴롭고 꿈에 놀랍고 두려운 일이 많은 사람이라면 지장보살의 명호를 듣고 지장보살의 형상을 보고, 지극한 마음으로 공경하며 만 번을 염불한다면 이와 같이 좋지 않은 모든 일이 점점 사라져 마침내 안락함을 얻고 먹고 입는 것이 풍족해지고 꿈도 모두 편안해질 것이다."

---

8 관정수기 : 불법에 대한 깨달음에 이르게 될 때, 부처님이 보살의 머리에 물을 부어 이를 알려주시는 행위. 밀교에서는 부처님과의 인연 연결의 의식으로 이해

"또한 관세음보살이여, 미래세에 선남자 선여인이 생업[9]으로나 공적이나 사적인 일로나, 생사에 관한 일로나, 매우 긴급한 일 등으로 산이나 숲속에 들어가거나, 강이나 바다 같은 큰물을 건너거나, 험한 길을 지나가게 되었을 때 이 사람이 먼저 지장보살의 명호를 만번 염불하면 지나는 곳의 토지신이 보호하여 다니고 머물고 앉고 눕는 모든 일이 언제나 안락할 것이며 호랑이, 늑대, 사자 따위의 온갖 독하고 해로운 것을 만나더라도 해를 입지 않게 될 것이다."

부처님께서 관세음보살에게 말씀하셨다.

"지장보살은 염부제와 큰 인연이 있느니라. 중생들이 보고 듣는 모든 이익을 말하자면 백천 겁 동안 말하여도 끝이 없을 것이다. 그러므로 관세음보살이여, 그대는 신력으로 이 경전을 유포하여 사바세계의 중생으로 하여금 백천만 겁 토록 길이 안락을 누리게 하라."

그때 세존께서 게송으로 설하셨다.

"내가 이제 지장보살 위신력 보니, 항하사 겁 설하여도 다하기 어

---

9 생업 : 원문은 '治生'

렵네."

"한순간만이라도 보고 듣고 예배하여도 인간이나 천상에게 이익
됨이 한량없네."

"남자나 여자나 용이나 신이나 지은 복이 다하여 악도에 떨어지
게 될지라도 지극한 마음으로 지장보살에 귀의하면 수명 늘고 죄장
없어지네."

"어려서 사랑하고 보살펴 주었던 부모 여의고,[10] 그들 혼신 간 곳
을 모르거나 자란 뒤에 형제자매 친척들의 사는 곳을 모를 때는 보
살 형상[11] 그리거나 조성하여 잠시도 놓지 않고 우러러 예배하며 삼칠
일 동안 명호 염불하면 지장보살 무변신으로 나타나 가족 있는 곳
을 보여주며, 비록 악도에 있더라도 모두 건져주네.

첫 마음에서 물러서지 아니하면 곧 마정수기 받게 되리."

"위없는 보리를 닦으려거든 삼계의 괴로움을 벗으려거든

이미 자비심을 발하였거든, 먼저 지장보살상에 예배하여라.

---

10 돌보아주었던 부모 여의고 : 원문은 '少失父母恩愛者'. 국내 번역 다양. 영어권에
서는 'Someone may lose his parents, who cared for and loved him'으
로 번역
11 보살 형상 : 원문은 '大士身'

일체의 모든 원이 속히 성취되고 업장 능히 사라지리라."

"어떤 사람 발심하여 경전을 염불하고, 중생을 피안으로 제도하려는 가없는 서원 세웠건만 금방 읽은 것 금방 잊으면 이 사람 업장 있는 탓이라. 대승경전 외울 수 없나니.

향, 꽃, 의복, 음식이나 장엄구 등으로 지장보살에게 공양 올리고 청정한 물 지장보살 전에 올려, 하루 낮 하루 밤 지난 뒤에 마시고 조심스런 마음으로 오신채, 술, 고기, 사음, 망어 삼가하고 삼칠일 동안 살생 하지 않고 지성으로 지장보살 명호 염불하면 꿈에서 무변신 보게 되며 깨어서는 총명 이근[12] 얻게 되리.

경전 귓가를 스치기만 하여도 천만 생을 지내어도 잊음이 없으리니.

이는 지장보살 불가사의한 힘 그에게 이러한 지혜 줌이니라."

"가난하고 병이 많아 고생하는 중생, 집안이 쇠락하고 가족이 흩어지고, 꿈자리까지도 모두 불안하고 구하는 일 뜻대로 안 될 때라도 지성으로 지장보살상에 우러러 예배하면 온갖 나쁜 일들 소멸되고 신들 보호하리.

---

12   총명 이근 : 원문은 '得利根耳'

꿈에서도 안락 얻고 의복과 음식도 풍족하리라."

"산림에 들거나 바다를 건널 적에 악독한 금수나 나쁜 사람, 악신이나 악귀, 사나운 바람 등의 온갖 고난 고통이 있을 지라도 지장보살 거룩한 상에 예배하고 공양 올리면 어떠한 산림이나 바다에서도 모든 악한 것이 모두 소멸되리라."

"관세음보살이여, 마음을 다하여 나의 법문 들으라. 지장보살 위신력 불가사의하도다.
백천만겁 말하여도 다할 수 없나니, 보살의 위신력 널리 알려라."

"지장보살의 명호 듣거나 형상에 우러러 예배하면서 향, 꽃, 의복, 음식으로 공양 올리면 백천 생에 승묘한 즐거움을 받으리라."

"만약 이와 같은 공덕을 법계에 회향하면 끝내 성불하여 생사를 넘으리니.
그러므로 관세음보살이여, 그대는 마땅히 이를 깨닫고, 항하사의 모든 국토에 널리 알릴지니라."

제13품   사람과 천인을 간곡히 부탁하심
               囑累人天品

그때 세존께서는 금빛 팔을 들어 지장보살마하살의 정수리를 어루만지시면서 이와 같이 말씀하셨다.

"지장보살이여, 지장보살이여,"

"그대의 신력은 불가사의하도다."

"그대의 자비는 불가사의하도다."

"그대의 지혜는 불가사의하도다."

"그대의 변재(辨才)[1]는 불가사의하도다."

"시방의 모든 부처님께서 그대의 그 불가사의함을 천만 겁 동안

---

1   변재 : 슬기롭게 설명하는 능력이나 재주

124 지장보살말씀 읽고 구원받기

찬탄하셔도 다함이 없을 지니라."

"지장보살이여, 지장보살이여,"

"내가 오늘 백천만억의 이루어 말할 수 없이 많은 불 보살과 천룡팔부가 모인 이 도리천궁의 큰 법회에서 아직도 삼계(三界)의 화택(火宅)²을 벗어나지 못하고 있는 사람과 천인 등의 모든 중생들을 그대에게 다시금 부촉(付囑)³하노니, 이들 중생들이 하루 낮 하루 밤 동안만이라도 악도에 빠지는 일이 없게 할 것일진대, 어찌 오무간지옥이나 아비지옥에 빠져 천만겁토록 벗어날 기약이 없게 하리오."

"지장보살이여, 남염부제 중생은 성정(性情)⁴이 정해진 바가 없어서 악을 배우는 자가 많으며 선한 마음을 일으켰다가도 곧 그 마음에서 물러서며, 악연을 만나면 악연이 점점 더 늘어난다. 그러므로 내가 이 몸을 백천억으로 분신하여 나타내, 중생의 근기와 성품에 따라 이들을 교화하고 제도하여 해탈시키느니라."

---

2 삼계 화택 : 3계의 고해(苦海). 즉 삼계중생의 고통과 번뇌를 불타는 집에 비유. 삼계 중생의 고달픈 삶을 비유적으로 표현
3 부촉 : 불교적 의미. 은사가 제자에게 가르침을 전해주고 이것이 후대까지 전해질 것을 부탁하는 것
4 성정 : 원문은 '志性無定'. '志性'에 대한 번역 다양. 영미권에서는 'The sentient beings in Southern Jambudvipa are unpredictable in their wills and dispositions'

"지장보살이여, 내가 이제 하늘[5]과 인간을 그대에게 부촉하노니 미래세에 천인과 선남자나 선여인이 불법 중에서 터럭 하나, 티끌 한 점, 모래 한 알, 물 한 방울만한 작은 선근이라도 심으면 그대의 도력으로 이들을 보호하여 점차로 위없는 도를 닦아[6] 길이 물러나지 않도록 하라."

"또한 지장보살이여, 미래세에 천인이나 인간이 업보에 따라 악도에 떨어지거나, 떨어지려 하거나, 혹은 악도의 문 앞에 이르러 한 부처님이나 한 보살의 명호, 대승경전의 한 구절이나 한 게송만이라도 외우면 그대는 신력과 방편으로써 이 중생들을 구제하되, 그들이 있는 곳에 한없는 몸을 나타내어 지옥을 부수고 하늘에 태어나게 하여 승묘한 낙을 누리게 하라."

그때 세존께서 게송으로 말씀하셨다.
"현재와 미래의 하늘과 인간을 간곡히 그대에게 부촉하노니, 그대는 대신통력과 방편으로써 이들을 제도하여 악도에 떨어지지 않게 하라."

---

5 하늘 : 3계의 천신을 의미
6 위없는 도를 닦아 : 원문은 '漸修無上'

그때 지장보살마하살은 무릎 꿇고 합장 예배하며 부처님께 말씀 드렸다.

"세존이시여, 원컨대 염려하지 마시옵소서. 미래세에 선남자 선여 인이 불법에 대해 일념으로 경건하게 공경하면 제가 백천 방편으로 이 사람을 제도하여 생사에서 속히 해탈을 얻게 하겠습니다. 하물 며 모든 착한 일을 듣고 생각 생각에 이를 닦아 나아가면 자연히 위 없는 최상의 도에서 영원히 물러나지 않을 것입니다."

이와 같은 말씀을 하실 때 법회에 참석하였던 허공장보살(虛空藏 菩薩)[7]이 부처님께 말씀드렸다.

"세존이시여, 제가 도리천에 이르러 여래께서 지장보살의 불가사 의한 위신력을 찬탄하시는 것을 들었습니다. 만약 미래세에 선남자 선여인과 모든 천룡들이 이 경전과 지장보살의 명호를 듣고 형상에 예배드리면 어떤 복덕을 얻게 되나이까? 세존이시여, 현재와 미래 의 모든 중생을 위하여 간략히 말씀하여 주옵소서."

부처님께서 허공장보살에게 말씀하셨다.

---

7 허공장보살 : 광대무변한 우주처럼 무한한 지혜와 자비를 가진 보살. '지혜보살'을 상징

"잘 듣고 잘 들으라. 내가 그대를 위하여 분별하여 말하리니. 만약 미래세에 선남자 선여인이 지장보살의 형상을 보고 이 경전을 듣고 독경하거나, 향과 꽃을 올리며 음식, 의복, 보물 등으로 보시 공양을 올리고 이를 찬탄 예배하면 스물여덟 가지의 공덕을 얻느니라."

"하나, 천룡이 보호하며"

"둘, 좋은 과보가 날로 늘어나며"

"셋, 성스러운 높은 인연이 모이며"

"넷, 깨달음을 구하는 마음에서 물러나지 않으며[8]"

"다섯, 의식이 풍족하며"

"여섯, 질병에 걸리지 않으며"

"일곱, 수재나 화재를 멀리하며"

"여덟, 도적의 액난이 없으며"

"아홉, 남들의 존경을 받으며"

"열, 귀신이 도와주며"

"열하나, 여자는 남자가 될 수 있으며"

"열둘, 여자는 왕이나 대신의 딸이 되며"

"열셋, 용모가 단정하며"

---

8 물러나지 않으며 : 원문은 '菩提不退'

"열넷, 천상에 많이 태어나며"

"열다섯, 때로는 제왕이 되기도 하며"

"열여섯, 숙명통[9]을 얻으며"

"열일곱, 구하는 것을 모두 이루며"

"열여덟, 가족들이 기뻐하고 즐거워하며"

"열아홉, 모든 횡액이 없어지며"

"스물, 업도가 영원히 사라지며"

"스물하나, 가는 곳마다 막힘이 없으며"

"스물둘, 밤에 꿈이 편안하며"

"스물셋, 선망 조상들이 고통에서 벗어나며"

"스물넷, 전생의 복덕을 이어받아 태어나며"

"스물다섯, 모든 성현들이 칭송하며"

"스물여섯, 총명하고 우수한 능력을 갖추며"

"스물일곱, 인자하고 자비스러운 마음이 넉넉하며"

"스물여덟, 마침내는 부처가 될 것이다."

"또한 허공장보살이여, 현재와 미래에 천룡과 귀신이 지장보살의

---

9 숙명통 : 자신의 과거사와 미래사에 대하여 알 수 있는 능력

이름을 듣고 지장보살의 형상에 예배하거나, 지장보살의 본원과 원행(願行)[10]을 듣고 찬탄 예배하면 일곱 가지의 이익을 얻느니라.

"하나, 속히 성스러운 지위에 오르며"

"둘, 악업이 소멸되며"

"셋, 모든 부처님이 지켜주시며"

"넷, 깨달음을 구하는 마음에서 물러나지 않으며"

"다섯, 본원력이 더 커지며"

"여섯, 숙명통을 얻으며"

"일곱, 마침내는 부처가 될 것이다."

그때 시방에서 오신 말할 수 없이 많은 모든 부처님과 대보살과 천룡팔부들은 석가모니 부처님께서 지장보살의 불가사의한 대위신력을 찬탄하시는 것을 듣고, 일찍이 없었던 일이라 찬탄하였다.

그때 도리천에는 한량없는 향과 꽃과 하늘 옷과 보배 구슬이 비 오듯 내려 석가모니 부처님과 지장보살께 공양하였고 법회에 모인

---

10 본원과 행원 ; 원문은 '地藏本願行事'. '行事'와 관련하여 다양한 번역. 영미권에서는 'Ksitigarbha's fundamental vows and deeds'로 번역. 제6품 여래찬탄품에서 이 경의 이름을 본원경, 본행경, 본서력경으로 구분. 따라서 本願行事는 이와 같은 차원에서 '事'를 '誓力'을 실행하는 것'으로 이해하여봄

모든 대중은 다시금 경건히 예배 합장하고 물러갔다.

〈회향게〉
원이차공덕　보급어일체
아등여중생　당생극락국
동견 무량수　개공성불도

부록

3계, 33지계, 28천(신) 및 도리천(33天神)

〈3界, 三十三地界, 28天 및 도리천〉

삼계	地(界)	天	세분화(天神界)	
〈무색계〉 ① 4개유형세계, 4개 유형 천신 ② 천신의 존재형태 : 정신(맑은 빛)	33	28	무색계천	비상비비상처천
	32	27		무소유천
	31	26		식무변천
	30	25		공무변천
〈색계〉 ① 18개유형세계, 18개 유형 천신 ② 천신의 존재형태 : 신체(미세한 빛), 정신	29	24	4선천	색구경천
	28	23		선견천
	27	22		선현천
	26	21		무열천
	25	20		무번천
	24	19		무상천
	23	18		광과천
	22	17		복생천
	21	16		무운천
	20	15	3선천	변정천
	19	14		무량정천
	18	13		소정천
	17	12	2선천	광음천
	16	11		무량광천
	15	10		소광천
	14	9	초선천	대범천
	13	8		범보천
	12	7		범중천

삼계	地(界)	天	세분화(天神界)
〈욕계〉 ① 11개유형세계, 6개 유형 천신 ② 성욕(남여), 신체(물질), 정신	11	6	타화자재천
	10	5	화락천
	9	4	도솔천
	8	3	야마천
	7	2	도리천(33天) → 동쪽(8천), 서쪽(8천), 남쪽(8천), 북쪽(8천), 중앙(제석천 : 제석천왕)
	6	1	사천왕천 → 동(지국천), 서(광목천), 남(증장천), 북(다문천)
	5	아수라	
	4	인간	
	3	아귀	삼악도
	2	축생	
	1	지옥	

* 본 도표는 관련 자료를 재정리한 것임

* 불교세계관에 따른 3界(범어 : tri-dhātu)란 욕계, 색계, 무색계를 지칭. 이는 중생들이 생사윤회를 반복하는 세계(地界)에 해당되며, 나아가 삼천대천세계를 구성하는 기본 단위세계에 해당.
한편. 불교의 우주론에 따른 관련 설명은 〈부록9〉 참조.

◈ 부록 2 ◈
삼도보계

아래 그림은 '三道寶階', '三道寶階降下', '從忉利天降下', '從三十三天降下' 등으로도 불림

석가세존께서는 도리천에 환생하신 어머니 마야부인을 위하여 3개월 동안 그곳에 머무르시면서 설법을 하시고, 다시 지상으로 내려오셨다는 이야기를 상징하는 작품의 하나로써 이와 같은 삼도보계(三道寶階)가 전해지고 있음. 도리천에서 계단을 통하여 지상으로 내려오시는 동안에 좌우에서 범천과 제석천이 수호한 것으로 전해짐. 이와 유사한 성격의 작품은 벽화 등을 통해서도 다수 존재함

한편, 석가 세존께서 지상으로 내려 오신 곳이 오늘날 상카시아(Sankasia)가 있는 곳임. 승가사는 불교의 8대 성지 중의 하나임. 불교의 8대 성지는 다음과 같음. 즉, 석가모니의 탄생지인 룸비니, 득도한 부다가야, 처음 설법을 하신 사르나트, 열반하신 쿠시나가라와 같은 4대 성지에 슈라바스티, 상카시아(승가사), 라지기르, 바이살리를 더하여 8대 성지라고 함.

〈삼도보계〉

*자료∶∶https://search.yahoo.co.jp/image/search?p=

❀ 부록 3 ❀

부처님, 여래(如來), 여래10호

부처는 범어 Budha의 음역어. 붓다는 범어로 '깨달은 자' 등의 의미를 내포. 이와 같은 차원에서 불교에서는 '완전한 깨달음을 얻은 자'를 붓다 또는 부처라고 함. 물론 '성불(成佛)한 자'로 지칭되기도 함. 사바세계에서는 고타마 싯달타를 석가모니 부처님(Gautama Buddha)으로 부름.

한편 상좌부 불교에서는 현재까지 사바세계에 28분의 부처님이 출현하셨다고 하고 있음. 석가모니 부처님께서는 미래의 사바세계에는 미륵보살이 미륵부처님으로 출현하실 것이라고 사전에 미륵보살에게 수기를 주셨음.

한편 부처님의 명호와 관련하여 '여래10호'라는 용어도 사용됨. 이는 부처님의 열 가지 공덕의 양태를 의미하는 것으로 이해. 이때 여래는 범어 'Tathagata'를 음역한 것으로써 다양한 해석의 존재하지만 일반적으로는 '일체의 모든 것을 아는 지혜에 도달한 사람'으로 이해.

한편, '여래10호'는 다음과 같음. 즉 여래(如來), 응공(應供), 정변지(正遍知), 명행족(明行足), 선서(善逝), 세간해(世間解), 무상사(無上士), 조어장부(調御丈夫), 천인사(天人師), 불세존(佛世尊). 여래 십호의 의미를 간단히 정리하면 다음과 같음

여래 : 진리를 몸으로 나타내심. 진리를 여실히 깨달으신 분

응공 : 세상의 모든 사람들로부터 공양을 받으실 수 있는 훌륭한 분

정변지 : 지혜가 참되어 모든 것을 정확히 보시는 분, 바르고 평등하게 깨달으신 분

명행족 : 지혜와 덕행을 고루 갖추신 분.

선서 : 일체의 미혹으로부터 벗어나신 분, 다시는 생사윤회에 빠지지 않으시는 분

세간해 : 모든 사변을 뚜렷이 분별하시며, 세상의 모든 원리를 알아서 중생을

138 _____ 지장보살말씀 읽고 구원받기

구제하시는 분

무상사 : 위없이 완전한 인격자이신 분(복덕, 지혜, 계행을 완전히 갖추어서 이보

다 더 높은 것이 없다는 뜻)

조어장부 : 모든 생명체를 뜻대로 가르치시고 인도하시는 분(지혜, 자비를 갖추시

어 적절한 말과 방편으로 중생을 제도한다는 의미)

천인사 : 천상계와 인간계의 지도자이신 분(천신과 사람의 위대한 스승)

불세존 : 이 세상에서 가장 거룩하신 분

사바세계(娑婆世界)

사바는 범어 'Saha'의 음역어. 불교에서는 중생들이 윤회 전생하는 세계, 석가 세존이 중생을 교화하는 세계, 즉 3界 33地 28天의 세계를 사바세계로 총칭(부록1 참조)하고 있지만, 일반적으로는 욕계 및 6욕천에 상대적으로 초점이 더 주어짐. 이와 같은 차원에서 '사바'에 내포된 주요한 의미의 하나가 고해(苦海)와 인토(忍土), 즉 '고통과 괴로움을 참고 견디어야만 곳'이라는 뜻이 핵심적 의미로 부각됨.

즉, 사바세계는 탐(貪), 진(瞋), 치(痴)와 같은 삼독(三毒)에 따른 번뇌와 오온(五蘊)에 따른 고통을 참고 견디며 살아야만 하는 세계로 간주. 이를 중생 구제를 도모하는 보살의 입장에서 보면 중생을 교화하기 위하여 역시 끊임없이 수고로움을 참고 견디어야 하는 세계로 이해 가능.

경전에 따르면 '사바는 인(忍)인데, 그 땅에 사는 중생이 십악(十惡)에 안주하여 쉽게 이를 벗어나려 하지 않기에 그와 같은 땅을 인토'라고 하고, '모든 중생이 삼독과 번뇌를 참고 감수해야 하므로 역시 인토'라고 함. 이와 같은 차원에서 사바세계에 사는 중생의 중요한 수행 방법으로써 인욕을 크게 중시함.

천용팔부중(天龍八部衆)과 팔부귀중(八部鬼衆)

　고대 인도의 귀중들(鬼衆) 중에는 불교에 귀의하여 불법을 수호하고 지원하는 소위 호법귀중(護法鬼衆)으로 그 역할이 전환된 귀중들이 있는데, 이를 상징하는 것이 소위 '천용8부중'(天龍8部衆)과 '팔부귀중'(八部鬼中)임. 물론 이들 그룹 간에는 역할 차이가 분명히 존재함.

　먼저 천용팔부중은 기본적으로 도리천의 제석천왕을 수호하며 나아가서 불법 수호를 지원하는 호법 선신이며, 세존의 10대 제자와 함께 석가여래의 직접적 권속에 속하는 귀중에 속함. 이들 천용팔부중으로는 천, 용, 야차, 건달바, 아수라, 가루라, 긴나라, 마후라가 등이 있음

　한편, 팔부귀중은 기본적으로 욕계의 6욕 천신의 한 종류인 사천왕(4대천왕)을 수호하는 귀중을 의미(仁王經合流). 물론 이들 귀중의 일부는 천용팔부중과 중복되기도 함. 예컨대 야차가 그러함. 팔부귀중과 사천왕의 관계를 살펴보면 다음과 같음. 즉 사천왕 중에서 지국천을 수호하는 팔부귀중은 건달바와 비사사, 광목천을 수호하는 귀중은 구반다와 아귀, 증장천을 수호하는 귀중은 나가와 부단나, 다문천을 수호하는 귀중은 야차와 나찰임.

〈사천왕과 팔부귀중〉

다문천		증장천		광목천		지국천	
나찰	야차	부단나	나가	아귀	구반다	비사사	건달바

깨달음의 52位(단계)

불교의 세계관에 따르면 깨달음의 단계(位)는 구체적으로 52위(단계)로 세분화되어 있음. 물론, 일반 범부들은 이와 같은 계위(단계)에서 들어가지 못함. 52위를 범주화하면 다음과 같음. 즉, 최하위 10개 단계의 '십신'에서부터 시작하여 그 위로 '십주', '십행', '십회향', '십지', '등각', '묘각' 등으로 구분.

이때 십지부터는 성자에 해당되며 51위인 '등각'은 보살의 지위에 해당되며 52위는 '묘각'으로 부처님의 지위에 해당됨. 각급 지위와 주요 특징은 아래 도표를 참조.

〈깨달음의 52위(단계)〉

境位	境位	52위	주요 특징
妙覺	불위	52	– 보살로서의 수행의 마지막 단계 즉 완전한 깨달음에 이른 상태로서 이를 佛果의 地位라고 함
等覺		51	– 보살의 極位로서 그 지혜가 만덕에 이르러 부처님과 동등하지만 因地에서의 究竟位이고 여래까지 1등급이 남아있다는 의미에서 등각
十地	성자	41~50	– 佛智를 生成, 住智하여 움직이지 아니하며, 온갖 중생을 안고 교화하는 것이 마치 대지가 만물을 안고 유익하고 윤택하게 하는 것과 같음에서 地로 표현 – 환희지 외 10 가지 유형
十廻向	내범부 (삼현)	31~40	– 지금까지 수행하여 온 자리이타(自利利他)의 여러 행을 일체중생을 위하여 이를 완전히 돌려주는 동시에 이와 같은 공덕으로 佛果를 향해 나아가 오경(五境)에 도달하는 지위 – 救護一切衆生 離衆生相廻向 외 10가지 유형

境位	境位	52위	주요 특징
十行	내범부 (삼현)	21~30	– 수행자로서의 인가를 얻은 뒤에 다시 이타(利他)수행을 완수하기위하여 중생구제에 진력하는 지위 – 환희행 외 10 가지 유형
十住		11~20	– 불법 수행에 대한 후퇴함이 없이 진제(眞諦)의 이치에 안착하였음을 의미. 이와 같은 의미에서 10住로 표현 – 초발심주 외 10 가지 유형
十信	외범부	1~10	– 불법을 믿고 수행하는 첫 단계(지위), – 불법을 믿고 의심이 없는 지위 – 신심(어떻게 믿을 것인가를 아는 것) 외 10가지 유형
범부			– 불법을 통한 깨달음에 전혀 마음을 내고 있지 않은 상태

*境位 : 특정한 사상이나 철학 등에 의거한 지위 또는 위상을 의미
* 자료 : 관련 자료 재정리

❋ 부록 7 ❋

삼승(三乘)

삼승은 성문승, 연각승, 보살승을 합쳐서 일컫는 불교 용어임. 이때 승(乘)은 깨달음에 이르는 동안에 의존하는 가르침을 의미하는데, 이를 사람을 싣고 다니는 수레에 비유하여 그렇게 불러짐. 삼승은 다음과 같음

첫째, 성문승. 이는 부처님의 가르침(佛法)에 의거하여 깨달음을 추구하여 가는 불제자를 의미. 법화경에서는 마하가섭, 수보리, 가전연, 목련존자를 4대 성문으로 지적하고 있음.

둘째, 연각승. 이는 독각승, 벽지불승이라고도 하며 부처님의 가르침(佛法)보다는 혼자서 독자적으로 깨달음을 얻고 이를 타인에게 전해주기에 소홀한 성자를 의미. 독각(獨覺), 연각(緣覺)으로도 불림

한편, 이들 2그룹은 깨달음을 통한 대중 교화에는 상대적으로 관심이 약하기 때문에 일부에서는 소승(小乘)으로 분류하기도 함.

셋째, 보살승. 이는 위로는 깨달음을 구하고 아래로는 중생을 구제하기 위해 완전한 깨달음에 도달하는 것을 일정 기간 유예하는 자(그룹)라는 측면에서 대승(大乘)으로 분류하기도 함

❀부록 8❀
수미산, 도솔천(33天)

불교의 우주론에 따르면 중생들이 모여 사는 욕계, 색계, 무색계를 합친 세계(그룹)를 우주를 구성하는 최소 기본 단위로 삼아고, 이를 1사천하(一四天下) 혹은 1수미세계라고 함. 나아가서 이와 같은 1사천하가 천개 모인 것을 1소천세계(一小千世界), 소천세계가 천개 모인 것을 1중천세계(一中千世界), 중천세계가 천개 모이며 1대천세계(一大千世界)라고 하며, 이를 3천대천세계(三千大千世界)라고 함

불교의 우주론에 따르면 우주는 이와 같은 3천대천세계가 1개만 존재하는 것이 아니고, 이와 같은 삼천대천세계가 미진수(무한대)로 존재하는 것으로 인식. 이를 소위 '시방미진수세계'라고 함. 물론, 이와 같은 삼천대천세계는 끊임없이 성·주·괴·공의 틀(구조) 속에서 성주괴공, 즉 생성, 성장, 소멸의 변동을 지속하는 것으로 인식

한편, 고대 인도 및 불교 세계관에 따르면 1수미세계는 중앙에 거대한 수미산을 두고 이를 둘러싸고 8개의 대양과 9개의 산맥, 그리고 4개의 큰 섬(대륙)이 있는 것으로 인식(부록9 참조). 이때, 인간을 비롯한 중생은 4개 섬에 거주하며, 사천왕은 수미산의 중간 지점, 제석천은 수미산의 정상, 그리고 야마천에서 타화자재천까지는 수미산의 하늘에 거주하는 것으로 지적됨

1수미세계의 8대 바다와 9대 산맥 및 4개 대륙에 대해서는 부록9 참조

〈수미산, 도솔천 등〉

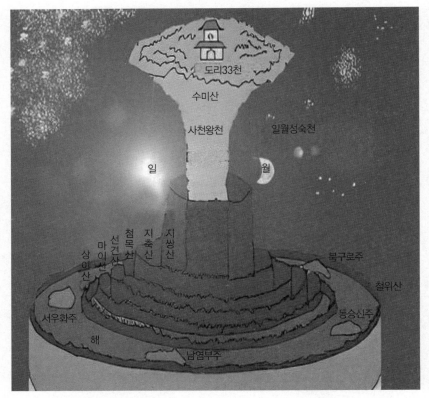

*자료 : https://search.yahoo.co.jp/image/search
* 위 그림은 기본적으로 〈부록1, 13〉의 내용 일부를 형상화한 것으로 볼 수 있음.

❀ 부록 9 ❀
불교우주관, 9산 8해, 남염부주 등

　1수미세계에는 8개의 바다와 9개의 산맥 및 4개의 큰 대륙이 존재함. 대륙은 8번째의 바다속에 있음. 즉 동승신주(東勝身洲), 남섬부주(南贍部洲, 또는 남염부제), 서우화주(西牛貨洲), 북구로주(北俱盧洲)의 네 개의 대륙(섬)이 이에 해당. 이들을 통칭하여 4대주(四大洲)라고 함.

　4개의 대륙 중에서 남쪽에 있는 큰 섬을 염부주(Jambudvipa, 현장 스님 이후에부터는 염부제로 지칭)라고 하며, 유정체(인간 등)들이 거주하는 곳으로 인식. 8번째의 바다를 둘러싸고 있는 산맥이 앞에서 살펴보았던 철위산임.

　구체적으로 살펴보면, 1수미세계의 중앙에는 수미산이 있고 이를 둘러싸고서 수미해(海) 있고, 이를 둘러싸고 지쌍산(持雙山)과 이를 지쌍해(持雙海)가 있음. 이와 같은 방식으로 9개의 큰 산(맥)과 8개의 큰 바다가 있음. 마지막으로는 철위산이 있는데 이 산맥은 모두 쇠로 되어있음.

　9개 산 중에서 수미산은 하나의 거대한 산이지만, 나머지 8개는 큰 산맥을 형성하고 있음. 한편, 8개 바다의 경우, 제일 바깥에 있는 바다, 즉 제8해는 짠물로 되어있으며 외해(外海)라고 하고, 나머지 7개 바다는 유정들이 마실 수 있는 민물이며, 통칭하여 내해(內海, 香水海)라고 함.

　한편, 제8해인 외해에는 다양한 각종 유정들이 거주하는 동승신주, 남섬부주, 서우화주, 북구로주와 같은 네 개의 대륙이 있는데, 인간이 거주하는 대륙은 남섬부주임.

　한편, 남섬부주에 태어나면 3가지의 좋지 않은 일(三不善事, 三惡事)이 함께하는 것으로 설명되고 있음. 예컨대,

첫째, 부정(不淨)으로, 몸 안(身內)의 부정(六根, 眼耳鼻舌身意)과 몸 밖(身外)의 부정(六塵, 色聲香味觸法)이 함께하며

둘째, 고(苦)로써, 몸 안의 고(六根)와 몸 밖의 고(六塵)가 함께하고

셋째, 무상(無常)으로, 몸 안의 무상(六根)과 몸 밖의 무상(六塵)이 함께 함

한편, 4대주의 유정들은 북구로주를 제외하고는 사후에 대부분 지옥, 아귀, 축생과 같은 3악도에 떨어지는 것으로 설명(提謂經, 涅槃經 등 참조)

한편, 9산 및 8해의 위치 및 명칭은 다음과 같음.

먼저 9산의 경우, 수미산, 지쌍산, 지축산, 첨목산, 선견산, 마이산, 상이산, 지변산, 철위산 등이있고, 8해로써는 수미해, 지쌍해, 지축해, 첨목해, 선견해, 마이해, 상이해, 8해(짠물)있음.

◉부록 10◉

무독귀왕, 도명존자

중앙에 계시는 지장보살님을 기준으로 왼쪽에 무독귀왕, 오른쪽에 도명존자 합장하고 있음(직지사의 명부전에 모셔져있는 모습). 무독귀왕은 이름 그대로 사람들의 마음의 독, 마음속에 있는 악한 마음을 없애주는 왕임. 무독귀왕이 지장보살의 협시가 된 이유에 대하여 다음과 같은 이야기가 전해짐.

즉, 한때 바라문의 딸이 평생토록 죄를 짓고 산 어머니가 돌아가신 후 지옥에 떨어졌을 것으로 직감하고는 부처님께 지극 정성으로 구제의 기도를 드림. 그러던 어느 날 부처님의 응답을 받고 지옥을 가게 되었는데, 그때 바라문의 딸을 안내한 분이 바로 무독귀왕이었음. 바라문의 딸은 어머니를 구함과 더불어 무간지옥의 망자들을 보고 "내가 이 모든 중생들을 구하겠다."라는 큰 서원을 세워 다음 생에 지장보살로 태어남. 이와 같은 인연으로 무독귀왕은 지장보살을 협시하게 되었다는 이야기임.

〈무독귀왕과 도명존자〉

*자료 : 직지사 명부전

욕계의 육도 윤회

욕계의 중생은 6도를 중심으로 윤회 전생을 계속하는 것으로 설명. 이때, 아귀, 축생, 지옥의 세계를 3악도, 아수라, 인간, 천상의 세계를 3선도라고도 함. 물론, 욕계의 천상계는 다시 6계층, 즉 6욕천으로 재구분됨.

따라서 욕계의 모든 중생들, 예컨대 6욕천의 천신들(사천왕, 도리천, 야마천, 도솔천, 화락천, 타화자재천)까지도 모두 윤회 전생하는 것으로 볼 수 있음.

〈 욕계 및 육도 〉

◈ 부록 12 ◈

오탁악세(五濁惡世)

오탁이란 '명탁', '겁탁', '중생탁', '견탁', '번뇌탁' 등의 다섯 가지를 지칭. 이때, 탁(濁)은 범어로 'kaṣāya'인데 이것은 주로 오염, 부패, 타락 등을 의미. 따라서 오탁악세란 생명(여러 이유로 보다 짧아짐)을 비롯하여 다섯 가지가 크게 오염되고 타락되어 악독하고 흐린 사회적 분위기가 넘쳐나는 혼탁한 세상, 즉 말세적 분위기가 넘쳐나는 사회 또는 세상을 의미함.

〈오탁악세〉

*자료 : https://search.yahoo.co.jp/image/search?

지옥, 8열지옥, 8한지옥

지옥의 유형은 매우 다양함. 여기서는 팔열지옥(八熱地獄), 팔한지옥(八寒地獄) 및 무간지옥을 간단히 살펴보기로 함. 먼저, 8열지옥을 중심으로 관련 내용을 살펴보면 아래 도표와 같음. 즉, 지옥의 명칭, 환생 이유 및 내용 등은 아래 도표 참조. 8열지옥으로 빠지는 가장 기본적인 요인은 크게 3가지. 즉, 살생, 절도. 음란 등임. 기타 요인은 도표 참조(천수경의 '10악 참회' 참조).

〈8열지옥의 유형 및 주요 원인〉

순위	종류(유형)	주요 원인
1	등활(等活)지옥	살생
2	흑승(黑繩))지옥	살생, 절도
3	중합(衆合)지옥	살생, 절도, 음란
4	규환(叫喚)지옥	살생, 절도, 음란, 음주
5	대규환지옥	살생, 절도, 음란, 음주, 거짓말
6	초열(焦熱)지옥	살생, 절도, 음란, 음주, 거짓말, 불교의 교리에 위반되는 주장 (邪見)
7	대초열지옥	살생, 절도, 음란, 음주, 거짓말, 사견, 승려 동녀 등의 강간
8	아비(무간)지옥	살생, 절도, 음란, 음주, 사견, 승려 동녀 등의 강간, 아라한(성자)살해

〈지옥도〉

*자료 : https://search.yahoo.co.jp/image/search?

　한편, 8한지옥의 명칭 및 주요 내용은 다음과 같음. 즉, 알부타지옥(추위로 몸이 얼어 물집이 온 몸을 덮음), **아라부타지옥**(물집이 온 몸을 덮은 물집이 터짐), **알찰타지옥**(참을 수 없는 추위에 비명을 지르는 모습), **확확파지옥**(더 추워서 비명을 더 지름), **호호파지옥**(비명을 더욱 더 지름), **올발라지옥**(피부가 파랗게 되고 5~6개 조각으로 갈라짐), **발특마지옥**(푸른색이 붉게 변하고 10개 이상의 조각으로 갈라짐), **및 마하발특마지옥**(몸이 검게 변하고 100개 이상의 조각으로 갈라짐) 등임

한편, 지옥 중에서도 가장 혹독한 지옥에 해당하는 　지옥이　 무간지옥임 (지장경 참조). 먼저 무간지옥에 빠지게 되는 업장은 크게 다음과 같음. 즉, 부모에게 불효하거나 살해한 죄, 부처님 몸에 피를 내거나 삼보를 비방하거나 소홀히 한 죄, 절의 재산에 손해를 끼치거나 스님들을 더럽히거나 가람 안에서 음욕하거나 살생을 한 죄, 거짓 사문이 되어 절의 재산을 하부로 쓰거나 신도를 속이거나 계율을 어긴 죄, 절의 재산을 훔치거나 주지 않는 것을 가진 죄 등임

한편, 무간지옥에서 받게 되는 죄업의 양태는 다음과 같음. 즉, 죄를 받는데 쉴 틈이 없음, 한 사람으로도 지옥이 가득차고 수없이 많은 사람이 있어도 제각각 가득 참, 고통이 연달아 이어져서 끝이 없음, 신분에 관계 없이 지은 죄업에 따라 받는 고통이 모두 동일함, 하루에 만 번 죽었다 살아나며 죄업이 다할 때까지 고통이 끊임없음.

◈부록 14◈
16나한과 라후라

　16나한이란 불법을 수호하겠다고 큰 서원을 세웠던 석가모니 부처님의 제자 중에서 특히 뛰어났던 대표적인 16명의 제자를 지칭함. 나한 또는 아라한의 명칭에 내포되어 있는 중요한 의미의 하나는 '중생들로부터 공양을 받을 만한 충분한 품격 등을 갖춘 성자'라는 것임. 즉 대중으로부터 공양을 받을 위대한 품격을 갖춘 분이라는 의미 내포.

　한편, 16나한중의 한 분이 석가모니 부처님의 자제분이셨던 라후라 존자임. 라후라는 범어 'Rāhula'의 음사로써, 부처님의 10대 제자 중에서 밀행(密行) 제일 존자로 지적됨.

　라후라 존자는 1,100명의 제자들과 함께 지금의 필리핀 지역 등을 중심으로 불교를 전파한 것으로 전해짐. 또한 존자는 15세 전후에 사미(沙彌)로 출가함으로써 사미승의 효시가 되기도 하였음.

제석천 및 사천왕

　제석천은 도리천(33천)을 주관하는 천신으로서 천제 또는 천황이라고도 불림. 고대 인도의 최고의 무신(武神)이었던 '인드라'가 불법에 귀의하여 호법선신이 됨. 한국의 단군 신화에는 이와 유사한 모습으로 석제환인이라는 표현도 등장함. 한편, 제석천과 범천은 불법을 수호하는 양대 호법선신으로 분류됨.

〈제석천〉

*자료: https://search.yahoo.co.jp/image/search?p

　한편, 사천왕(범어 Caturmahārāja) 역시 불법에 귀의하여 불법을 수호하는 호법선신의 하나로 변화함. 사천왕은 욕계의 천신계인 6욕천이 시작되는 수미산의 중간 지점에 머무르며, 천룡팔부와 함께 제석천을 수호하는 역할도 수행함. 사천왕은 동방에 지국천, 남방에 증장천, 서방에 광목천, 북방에 대문천이 있음. 물론, 사천왕은 팔부귀중을 통제하며 그들의 수호를 받기도 함.

❀부록 16 ❀

십재일(十齋日)

10재일에 대한 해석은 다양하지만 기본적으로는 다음과 같은 의미가 내포.

첫째, 일상에서 부정함을 피하며 조심하고 근신하는 날, 즉 금욕일에 가까운 성격의 날.

둘째, 일상에서 액운이 따라오기 쉬운 날이기 때문에 매우 조신하는 날과 같은 의미가 내포.

따라서 당일(10재일)에는 일상을 매우 신중하고 조신하게 보낼 것을 권선함. 우리나라의 경우, 고려 충숙왕 원년에 불가에서 매월 십재일의 계를 지키면서 오후 불식하였다는 기록 있음

'석문의범'에서 제시하고 있는 십재일 및 시왕원불(十王願佛), 시왕명호, 시왕탄일, 관할지옥 등을 간단히 정리하면 다음과 같음. 즉, 오늘날 한국 사찰에서 많이 지켜지고 있는 십재일은 크게 8일 약사불, 15일 아미타불, 18일 지장보살, 24일 관세음보살재일 등이 있음. 그 중에서도 지장재일과 관음재일이 한국 사찰의 대표적인 십재일법회로 볼 수 있음.

지장보살재일에는 지장예문, 관세음보살재일에는 관음예문을 독송하는 것 외에는 각 재일의 법회 의식에서 크게 다른 점은 없음.

〈십재일〉

십재일	시왕원불	시왕명호	시왕탄일	관할지옥
1일	정광불	진광대왕	2월1일	도산지옥 : 칼산 다리 타기
8일	약사불	초강대왕	3월1일	화탕지옥 : 끓는 물에 담금
14일	현겁천불	송제대왕	2월28일	한빙지옥 : 얼음 속에 넣기
15일	아미타불	오관대왕	1월8일	검수지옥 : 칼로 몸 베기
18일	지장보살	염라대왕	3월8일	발설지옥 : 집게로 혀 빼기
23일	대세지보살	변성대왕	2월27일	독사지옥 : 독사로 몸 감기
24일	관세음보살	태산대왕	3월2일	거해지옥 : 톱으로 뼈 켜기
28일	노사나불	평등대왕	4월1일	철상지옥 : 쇠판에 올리기
29일	약왕보살	도시대왕	4월7일	풍도지옥 : 바람 길에 앉히기
30일	석가모니불	전륜대왕	4월27일	흑암지옥 : 암흑 속에 가두기

※ 14일은 현겁천불(賢劫千佛) 대신 보현보살(普賢菩薩)을 넣기도 함.

염라대왕(閻羅大王)

　불교에서 염라대왕은 명부(冥府, 사람이 죽어서 가는 곳)의 시왕(十王, 진광대왕에서 전륜대왕까지 10분의 대왕) 중의 다섯 번째 대왕에 해당. 염라대왕 앞에서의 망자의 업장에 대한 심판 모습을 보면 다음과 같음('시왕생칠경', 참조). 염라대왕 앞에서 죄인이 머리채를 잡힌 채 얼굴을 들어 업경(거울)을 보고, 비로소 자신의 전생의 업장을 깨닫게 됨. 이 거울에는 자신이 생전이 지는 일체의 행업, 즉 업장이 모두 비춰진다고 전함

〈염라대왕〉

❀ 부록 18 ❀

사향사과(四向四果)와 아라한(阿羅漢)

소승불교에 있어서는 성문승의 지위에 도달한 성자의 깨달음의 상태, 즉 계위(階位) 등과 관련하여 크게 4개의 향(向)과 4개의 과(果)로 분류함. 예컨대 예류향(예류과), 일래향(일래과), 불환향(불환과), 아라한향(아라한과) 등이 이에 해당.

이때 향(向)은 특정한 과(果)를 지향한 단계를 의미하며, 과(果)는 도달한 해당과의 경지(果位)를 의미. 예컨대 예류향의 경우 욕계, 색계, 무색계의 3계의 번뇌를 완전히 단절하고 이를 지속 유지시켜가는 동안, 관찰하게 되는 단계이며, 예류과는 이와 같은 상태가 계속됨으로 인하여, 3계의 번뇌가 없어지고 다시는 3악도에 빠지지 않게 되는 결과를 얻게 된 것을 의미.

이와 같은 사향 사과를 지향하는 수행 및 성자의 전통은 현재 '테라와다'(Theravada) 불교에서 전해지고 있음. 아라한이 되는 길이 붓다의 가르침이며, 그 길을 충실하게 따르는 전통이 동남아시아에서 전해오고 있음. 즉, 소승 불교 쪽에서 이와 같은 전통을 보다 강하게 전해지고 있다는 점에서 주목이 됨

예컨대, 붓다는 물론이고 아라한이나 배움이 있고 덕이 있는 불제자들 역시 주변 사람들의 행복을 위해서 많은 활동을 하며, 나아가서 천신들의 행복과 선과 안녕을 위해서 법을 가르치는 일도 지적됨. 따라서 이와 같은 '테라와다'를 소승이라고만 부르는 것에는 재고의 여지도 지적됨

한편, 아라한은 범어 'arhat'의 음역. 소승불교에 있어서 최고의 깨달음의 경지에 도달한 성자를 지칭하는 용어, 아라한은 미혹과 윤회의 세계로부터 벗어나 열반에 도달할 수 있는 상태에 도달한 성자. 아라한은 나한이라는 별칭으로도 불리며 16나한이 유명함.

성자 유형	새롭게 제거된 번뇌	남아있는 윤회 종류
예류 수타원	윤회와 업보의 세계관, 삼특상 (三特相)과 사성제를 알아야 함. 단견, 상견, 유신견(有身見), 계금취(戒禁取)의 의심이 제거됨	인간과 욕계 천상에 7번 윤회. 사악도(지옥, 아귀, 아수라, 축생)에 떨어지지 않음
일래 사다함	유신견, 계금취견의 의심을 끊어 버리고 탐진치의 삼독의 죄업이 희박하게 된	욕계(도솔천 등)에 1번 윤회
불환 아나함	욕계의 번뇌를 완전히 단절시킴. 감각적 욕망과 악의가 없어짐	색계, 무색계에 태어남
응공 아라한	인간이 수행을 통해 도달할 수 있는 최고의 경지로 아만, 들뜸, 무지가 없음	윤회에서 완전히 벗어남, 부처보다는 한 단계 낮은 상태

부록 19
호상과 호상광

　호상(毫相)이란 부처님의 특성을 상징하는 32상 중의 하나로써 미간에 있는 오른쪽으로 말려있는 백색의 선모(旋毛, 털)를 말함. 이와 같은 선모로부터 밝고 맑은 광명이 발산되는 것으로 전해짐. 불상(佛像)에서는 이와 같은 호상의 역할을 대신하는 차원에서 수정체 등을 이마에 모시는 것으로 알려짐.

　호상광은 부처님 얼굴 미간 가운데 있는 작은 흰색 털(선모, 호상)에서 쏟아져 나오는 매우 밝고 맑은 청아한 광명을 일컬음. 부처님께서는 도리천에서 대중들에게 말씀을 하시기 전에 먼저 빛(광명, 호상광)을 내시고 이어서 미묘한 음성(바라밀)을 내심(제1품, 제12품 공히).

〈호상과 호상광〉

마야부인

마야부인은 석가세존의 어머니로서 룸비니 동산의 무우수 나무 아래에서 석가모니를 출산하시고, 7일 만에 돌아가심. 사후에 6욕천 중의 하나인 도솔천에 환생하심. 석가세존께서는 돌아가신 어머니를 위하여 3개월 동안 도리천에 머무시면서 설법하심. 이때, 마야부인은 도솔천에서 도리천으로 내려와 설법을 들었고, 아난다가 도리천과 지상을 오가면서 도리천의 세존의 설법 내용을 지상에 알려주었던 것으로 전승되고 있음('아비달마구사론', 참조)

도리천에서의 3개월간의 설법을 끝내시고 석가세존께서는 범천과 제석천의 보필을 받으시면 다시 지상으로 내려오신 것으로 전해짐(부록2, 참조). 이때, 지상으로 내려온 곳이 불교 8대 성지 중의 하나인 승가사(Sankasia)로 전해짐

〈마야부인과 아기 석가모니〉

*자료 : https://search.yahoo.co.jp/image/search?p=

◈ 부록 21 ◈
6바라밀

　석가세존께서 도리천에서 호상광을 나타내시고 이어서 미묘한 음성을 내셨던바, 그와 같은 음성 중 6바라밀이 먼저 나타남. 이를 재정리하면 '보시'(giving), '지계'(morality), '인욕'(forbearance), '정진'(diligent), '선정'(concentration), '지혜'(wisdom) 등임(영어식 표현에 따른 뉘앙스의 차이 존재). 이때, 바라밀(바라밀다)은 범어 'Pāramitā'를 음역한 것으로, 완전한 상태·최고의 상태를 의미.

　바라밀은 불교적으로 미망과 생사의 세계(차안)에서 해탈과 열반의 세계(피안)에 이르는 것, 또한 이를 위해 보살이 닦는 덕목, 수행, 실천을 의미. 즉, 차안(속세, 苦海 및 忍土)의 세계에서 피안(화평, 열반)의 세계)로 건너감에 있어서 6바라밀이라는 방편(배)의 활용을 강조하신 것으로 이해함.

　한편, 바라밀에는 6바라밀과 10바라밀이 있으며, 일반적으로는 6바라밀이 강조되고 있음, 이때, 보시와 지혜는 이타행(利他行), 인욕과 증진은 자리행(自利行), 선정과 지혜는 해탈에 초점이 주어짐. 지장경에서는 바라밀을 총괄적으로 말씀하고 계시며, 피안의 세계로 나아가는 일종의 선한 방편으로 말씀하고 계심.

〈6바라밀과 피안의 세계로의 건너감〉

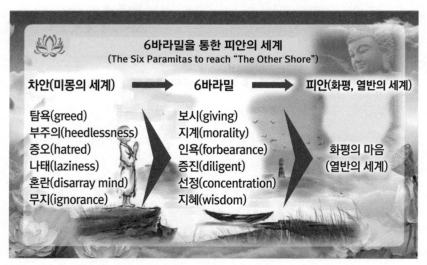

*자료 : https://search.yahoo.co.jp/image/search?p

지장보살

　지장보살은 불교의 핵심 신앙의 대상인 4대 보살 중의 한 분임. 석가세존의 입멸 이후 미륵부처님께서 사바세계에 오실 때까지 사바세계의 중생 구제를 석가세존으로부터 위촉 받으신 보살.

　지장보살은 범어 'Kṣitigarbha'의 역어. 이때, 'Ksiti'는 대지(大地), 'garbha'는 태내(胎內), 자궁(子宮) 등의 의미 내포. 따라서 거대한 대지가 모든 생명체를 품에 안고 어떤 어려운 여건 속에서도 길러내려고 노력하듯이, 고뇌와 어려움에 쳐한 모든 중생들을 무한한 자비심으로 품에 안고 구원하겠다는 서원과 이를 실현하시는 모습에서 붙여진 이름으로 평가(https://ja.wikipedia.org)

〈지장보살도1〉

*국립중앙박물관(2010.10.12.~11.21)

◈ 부록 23 ◈
많은 부처님과 구분

불교 경전에 따르면 각 경전마다 많은 부처님이 나타나고 있음. 이와 같은 많은 부처님은 분류 기준에 따라서 다양한 형태로 구분 가능. 즉, 석가모니 부처님을 비롯하여 매우 다양한 이름의 부처님이 나타나고 있음. 따라서 '부처님'이라고 할 때, 그것이 고유명사(지시대명사)인지, 보통명사인지를 구분할 필요가 있음. 일반적으로 빈번하게 등장하는 부처님의 유형을 살펴보면 다음과 같음

첫째, 삼신불(三身佛)로서의 부처님

• 법신불(法身佛, 청정법신 비로자나불) : 이름과 모양을 초월한 진리 그 자체, 생멸이 없는 상주불변의 생명이며, 모든 존재의 절대 평등한 본체로서의 부처님

• 보신불(報身佛, 원만보신 노사나불) : 법신의 공능(功能)에 의하여 나타난 결과의 몸. 즉 과거 수행 결과로 나타난 부처님 몸을 의미. 예컨대, 48대원을 성취하여 서방정토극락세계를 관장하시는 아미타불, 12대원을 성취하신 동방만월세계의 약사여래불 등

• 화신불(化身佛, 천백억화신 석가모니불) : 중생의 근기와 습성에 따라 갖가지 변화로 몸을 나타내시는 부처님, 예컨대 중생구제를 위해 이 세상에 화현(化現)하신 석가모니부처님

둘째, 삼세의 삼천불(3千佛)로서의 부처님

• 과거세(장엄겁)에는 첫째의 화광불에서 1000번째의 비사부불이 계셨고

• 현재(현겁)에는 구류손불을 시작으로 구나함모니불, 가섭불, 석가모니불, 미륵불, 사자불, 명염불, 모니불에 이어서 1000번째로 누지불이 오시고

•미래세(성수겁)에는 첫째의 일광불을 시작으로 1000번째로 수미상불이 출현하시는 것으로 설명되고 있음

셋째, 과거칠불로서의 부처님

•석가모니 부처님이 오시기 전에 여섯 분의 부처님, 즉 비바시불, 시기불, 비사부불, 구류손불, 구나함모니불, 가섭불이 계셨고, 여기에 석가모니불을 포함하여 과거칠불이라고도 함

넷째, 우주적 차원의 다양한 부처님

불교의 우주관은 기본적으로 삼천대천세계를 전제함. 이때, 이와 같은 삼천대천세계를 구성하고 있는 기본단위 세계(1수미계) 마다 부처님이 반드시 한 분씩 계시면서 그 세계의 중생들을 제도하시는 것으로 인식.

예컨대, 인간이 살고 있는 사바세계에는 석가모니 부처님이 오셨고, 동방의 묘희(妙喜)세계에는 아촉불, 만월세계에는 약사여래불, 서방의 정토세계에는 아미타불이 계시는 것으로 설명. 물론, 이와 같은 수많은 부처님들이 계시지만 그 본연의 모습은 오직 법신불로서 모두 동등함.

〈안심정사 대웅보전(아미타불, 석가모니불, 약사여래불)〉

주요 참고 경전 등

관련 작업을 진행하면서 많은 자료를 참조하였지만, 지면 관계로 핵심적 참조 경전 및 저서만을 몇 가지 간단히 소개하면 다음과 같다(출판 연도순).

광덕스님(1995). 지장기도집(편역), 불광출판사.

황영직(1999). 지장보살본원경. 한가람기획사.

무비스님(2004). 지장경(한글세대를 위한 독송용1). 운주사.

김현준(2006). 지장보살본원경(제9판) : 편역. 도서출판 효림.

법안스님(2015). 지장경(제8판). 안심정토.

자현스님(2022). 지장신앙의 성립과 고려불화 : 지장보살도. 불광출판사.

畑田惠順(1926, 大正15). 和文地藏菩薩本願經全. 皇恩會事務所

紀野一義(1987). 地藏菩薩. 集英社.

福聚講(2008, 平成20). 地藏菩薩本願經(全卷書き下し). 福聚講_Goo BLOG

太田久紀(2023). お地藏さんのお輕 : 地藏菩薩本願經講話. 大法輪閣.

唐于闐國 三藏沙門 實叉難陀(譯). 地藏菩薩本願力

Upasaka Tas-tsi Shih(역, 1985). *The Sutra of Bodhisattva Ksitigarbha's Fundamental Vows.* Young Men's Buddhist Association of America. 2611 Davidson Avenue Bronx, New York. www.ymba.org

Jeanna Tsai(역, 2021). *Original Vows of Ksitigarbha Bodhisattva Sutra.* 3456 S. Glenmark Driver. Fo Guang Shan International Translation Center ; www.fgsite.org

각주 찾아보기

불안 번뇌의 혼돈시대
인간 구원의 슈퍼 메시아

「지장보살말씀」 읽고 구원받기

발 행 일   2025년 1월 6일
인 쇄 일   2025년 1월 8일

편   역   정재욱
감   수   석법안

펴 낸 곳   도서출판 안심
주   소   서울시 서초구 강남대로6길 18
대표전화   02-577-4557
이 메 일   wfbansimsg@nate.com

책임편집   차도경
편   집   임길화
제   작   아름원(02-2264-3334, 서울시 중구 필동로 42-1 상원빌딩 2층)
이 메 일   areumy1@naver.com